Wissenschaftliche Arbeiten

Leitfaden
für

Haus- und Seminararbeiten,
Bachelor- und Masterthesis,
Diplom- und Magisterarbeiten,
Dissertationen

von

Prof. Dipl.-Ing. Wolfram E. Rossig
Prof. Dr. Joachim Prätsch

6. erweiterte Auflage

TEAMDRUCK, Weyhe

Anschrift der Verfasser:

Prof. Wolfram E. Rossig,
Prof. Dr. Joachim Prätsch
Hochschule Bremen
IFD – Institut für Finanz- und Dienstleistungsmanagement
Werderstr. 73
D - 28199 Bremen
Fax: (0421) 5905 - 4839
Email: ifd @ hs-bremen.de

Prof. Wolfram E. Rossig
Claudiusstr. 17
D - 22041 Hamburg

www.haus-arbeiten.de

Fax: (040) 68 91 08 35
Email: wolfram.rossig @ t-online.de

Vollbeleg:	Rossig, Wolfram E.; Prätsch, Joachim: Wissenschaftliche Arbeiten – Leitfaden für Haus- und Seminararbeiten, Bachelor- und Masterthesis, Diplom- und Magisterarbeiten, Dissertationen, 6. Aufl., Teamdruck, Weyhe 2006.

Kurzbeleg:	Rossig/Prätsch, Leitfaden, 2006.

ISBN 3-9810012-2-2

Druck und Einband: TEAMDRUCK GmbH
Gutenbergstraße 11, 28844 Weyhe/Dreye
Tel. (04203) 43 77-0 Fax (04203) 43 77-20
Info@teamdruck.com

Inhaltsübersicht

Inhaltsverzeichnis

V

V

Darstellungsverzeichnis

Abkürzungsverzeichnis

Abs.	Absatz[1]
AktG	Aktiengesetz
a.M.	anderer Meinung
APA	American Psychological Association
APGS	Australian Government Publishing Service
asw	Absatzwirtschaft (Zeitschrift)
Ausg.	Ausgabe bzw. ausgegeben
AVL	available/verfügbar
Az	Aktenzeichen
b u m	bank und markt (Zeitschrift)
BAG	Bundesarbeitsgericht
BBS	Bulletin Board System
Bearb.	Bearbeiter bzw. bearbeitet
begr.	begründet
ber.	berichtigt
BfA	Bundesversicherungsanstalt für Angestellte
BFH	Bundesfinanzhof
BfuP	Betriebswirtschaftliche Forschung und Praxis (Zeitschrift)
BGH	Bundesgerichtshof
Bs.	Beschluss
BSG	Bundessozialgericht
Bsp.	Beispiel
bspw.	beispielsweise
Buchst.	Buchstabe
BVA	Bundesversicherungsamt und Bundesverwaltungsamt
BVerfG	Bundesverfassungsgericht
BVerwG	Bundesverwaltungsgericht
ccTLD	country code Top-Level-Domain
CERN	European Laboratory for Particle Physics
Darst.	Darstellung
DB	Die Bank (Zeitschrift)
DBW	Die Betriebswirtschaft (Zeitschrift)
DIN	Deutsches Institut für Normung
DNS	Domain-Name-System
ed.	edition bzw. edited
EStG	Einkommensteuergesetz
EstR	Einkommensteuerrichtlinien
erg.	ergänzt(e)
ern.	erneuert(e)
erw.	erweitert(e)
EU	Europäische Union

[1] Zu den üblichen Abkürzungen in Quellenangaben siehe 6.8c, S. 115.

EuGH	Europäischer Gerichtshof
FN	Fußnote
FTP	Files Transfer Protocol
ggf.	gegebenenfalls
gTLD	generic Top-Level-Domain
HGB	Handelsgesetzbuch
Hs.	Halbsatz
HTML	Hypertext Markup Language
HTTP	Hypertext Transfer Protocol
i.d.R.	in der Regel
IFD	Institut für Finanz- und Dienstleistungsmanagement
IP	Internet Protocol
ISBN	International Standard Book Number
ISSN	Internationale Standard-Seriennummer
iwd	Informationsdienst des Instituts der deutschen Wirtschaft
IWF	Internationaler Währungs Fonds
JOM	Journal of Marketing (Zeitschrift)
kpl.	komplett
m.E.	meines Erachtens
MJ	Marketing Journal (Zeitschrift)
MLA	Modern Language Association
OECD	Organization for Economic Cooperation and Development
OHP	Overhead Projektor
OPAC	Online Public Access Catalog
OSU	Ohio State University
PC	Personal Computer
pt	Punkt (Maß für die Schriftgröße)
S.	Seite, Satz (in Gesetzen)
sic.	so, auf diese Weise
TCP/IP	Transmission Control Protocol / Internet Protocol
TLD	Top-Level-Domain
URL	Uniform Resource Locator
Urt.	Urteil
UTS	University of Technology, Sydney
VGH	Verwaltungsgerichtshof
VLB	Verzeichnis lieferbarer Bücher
WiSt	Wirtschaftswissenschaftliches Studium (Zeitschrift)
WISU	Das Wirtschaftsstudium (Zeitschrift)
WWW	World Wide Web
ZfB	Zeitschrift für Betriebswirtschaft
ZfbF	Zeitschrift für betriebswirtschaftliche Forschung
ZfgK	Zeitschrift für das gesamte Kreditwesen
ZFO	Zeitschrift Führung und Organisation
Ziff.	Ziffer

Vorworte

Vorwort zur 1. Auflage (Auszug)

Dieser Leitfaden stellt Empfehlungen der Autoren zur Anfertigung wissenschaftlicher Arbeiten einschließlich der Nutzung des Internet dar.

Die ersten vier Auflagen dieses Leitfadens sind in den letzten Jahren als Umdruck von Studierenden und Kollegen sehr positiv aufgenommen worden. Die große Nachfrage erforderte erneut eine neue Auflage, die wir hier in vollständig überarbeiteter und erweiterter Form als Buch vorlegen, um auch Studierende außerhalb der Hochschule Bremen zu erreichen.

Den Auslöser für diese Schrift gaben drei Feststellungen:

- einerseits haben die Studierenden nach wie vor erhebliche technische und formale Schwierigkeiten beim Anfertigen der genannten Arbeiten,
- andererseits können die Prüfer nicht immer einen klaren und eindeutigen Beurteilungsmaßstab zugrunde legen. Denn außerhalb eines allgemein anerkannten Kerns wird eine kaum überschaubare Vielzahl von sinnvollen und weniger sinnvollen Usancen und Varianten für die formale Gestaltung der Arbeiten praktiziert und empfohlen.
- Ein wesentlicher Teil der dargestellten Themen ist auch in der Berufspraxis Grundlage für das Erstellen von geschäftlichen Unterlagen und Präsentationen.

Mit dieser Schrift soll der Versuch unternommen werden, in einer auf die Bedürfnisse der Zielgruppe abgestimmten Form im Sinne eines Nachschlagewerkes so knapp und übersichtlich wie möglich die Grundanforderungen darzustellen und eine methodische Hilfestellung für das Anfertigen wissenschaftlicher Arbeiten zu geben am Beispiel der Wirtschaftswissenschaften.

Dabei wird in den Fällen, in denen formale Varianten in der Praxis verbreitet sind, eine Auswahl vorgenommen, die sich an folgenden Zielen orientiert:

- Eindeutigkeit
- Lese- und (Über-)Prüfungsfreundlichkeit
- Klarheit, Übersichtlichkeit
- Schreibfreundlichkeit
- gleiche Formalia für gleiche bzw. ähnliche Tatbestände
- möglichst weite Verbreitung.

Die Beachtung der vorliegenden Hinweise dient in erster Linie der ordnungsgemäßen inhaltlichen und formalen Gestaltung der Arbeiten.

Standards und Regelungen wie diese sind nicht überall verbindlich und nicht für die Ewigkeit fixiert. Sie werden nie zu einem abschließenden Ende kommen und geben immer genügend Raum für individuelle Gestaltung.

Ergänzende Auskünfte und Informationen über Sonderregelungen, spezielle Wünsche und Erwartungen der einzelnen Prüfer erhalten Sie ***von Ihrem Prüfungsamt und von Ihrem Prüfer*** *direkt. Wir empfehlen dringend, sich danach zu erkundigen!*

Für die intensive Mitarbeit bei der Erstellung der Internet-Teile bedanken wir uns ganz besonders bei Herrn Dipl.-Wi.-Sinologe Manuel Fries, ohne den diese Abschnitte nicht möglich gewesen wären.

Wir bedanken uns weiterhin bei allen, die uns bisher wertvolle Anregungen gegeben und zu einem hoffentlich besseren Werk beigetragen haben. Im Interesse einer weiteren Verbesserung bitten wir alle Leser um Ihre Korrektur- und Verbesserungsvorschläge.

Bremen, September 1998 Wolfram E. Rossig / Joachim Prätsch

V

Vorwort zur 6. Auflage

Basierend auf dem bewährten Konzept liegt eine wieder überarbeitete und erweiterte Auflage vor, die sowohl Anregungen der Leser und Leserinnen als auch notwendige Aktualisierungen und Erweiterungen um Ausführungen zu internationalen Zitierweisen, zum Literaturverwaltungsprogramm EndNote und zum Textverarbeitungsprogramm Word 2000/2003 einbezieht.

Wir bedanken uns bei Herrn Dipl.-Wi.-Sinologe Manuel Fries für die langjährige Unterstützung im Internet-Teil des Buches und bei Herrn Prof. Dr. Peter M. Rose für seinen Beitrag zur Musterbearbeitung eines Themas. Weiterhin bei Frau Studienrätin Anne Maack und Herrn Dipl.-Betriebswirt Sievert für ihre vielfältige, insbesondere redaktionelle Unterstützung.

Unsere zahlreichen sehr zufriedenen Nutzer heben besonders Inhalt, Struktur, Übersichtlichkeit, die Informationsdichte, sprachliche Präzision und die Praxisnähe des Buches hervor, das sich dadurch deutlich von anderen Büchern zu diesem Themenfeld unterscheidet.

Die Ruprecht-Karls-Universität Heidelberg, Zentrum für Studienberatung und Weiterbildung, hat diesen Leitfaden bereits 2002 als einzigen zu dem Thema Wissenschaftliche Arbeiten in ihren **„Kanon der 10 besten Bücher rund ums Studium“** aufgenommen[2]. Das freut uns besonders, da gerade auf diesem Gebiet eine große Zahl von Titeln angeboten wird. Wir sehen darin auch eine Motivation, weiterhin für die Bedürfnisse der Studierenden und Kollegen zu arbeiten.

Erfreut können wir auch zur Kenntnis nehmen, dass Unternehmen zunehmend diesen Leitfaden in ihrer Aus- und Weiterbildung einsetzen.

Wir bedanken uns weiterhin bei allen, die uns bisher wertvolle Anregungen gegeben und zu einem hoffentlich besseren Werk beigetragen haben. Im Interesse einer laufenden Verbesserung bitten wir alle Leser auch zukünftig um Ihre Korrektur- und Verbesserungsvorschläge.

Hamburg/Bremen, September 2006 Wolfram E. Rossig / Joachim Prätsch

---

[2] Vgl. Ruprecht-Karls-Universität Heidelberg, Zentrum für Studienberatung und Weiterbildung, Zentrale Beratungsstelle (Hrsg.), Präsenzbibliothek, Ein kleiner Kanon der besten Bücher rund ums Studium, 2002, http://www.uni-heidelberg.de/studium/infothek/ wissarb.html, 22. Apr. 2002.

1. Grundsätzliches

1.1 Zu den wissenschaftlichen Arbeiten

Was bedeutet wissenschaftliches Arbeiten?

Hausarbeiten, Referate und Abschlußarbeiten wie z.B. Bachelorthesis, Masterthesis, Diplomarbeiten und Magisterarbeiten sind die wichtigsten Formen wissenschaftlichen Arbeitens während des Studiums. Sie werfen bei vielen Studierenden erhebliche Probleme auf, da weitgehende Unsicherheit über die Anforderungen an Inhalt und Form besteht. Spätestens bei der Abschlußarbeit aber müssen Sie die entsprechenden Techniken und formalen Regeln – auch die der äußeren Gestaltung – verstehen und beherrschen. Sie sollten sich deshalb von der ersten Arbeit an intensiv mit diesen Anforderungen auseinandersetzen.

Ihre Aufgabe besteht darin, selbständig etwas zu einem gestellten oder selbst gewählten Thema in begrenzter Zeit zu schreiben und dabei die Äußerungen Anderer in der Literatur zu finden, zu bewerten und im Zusammenhang Ihres Themas zu verarbeiten. Dazu gehört insbesondere, das Thema eigenständig zu durchdenken, systematisch zu bearbeiten und themengerecht aufbereitet leicht lesbar schriftlich darzustellen oder mündlich vorzutragen.

Dabei soll der Verfasser zeigen, dass er wissenschaftliches Arbeiten beherrscht:

- Prinzipien, Methoden und Techniken
- Formvorschriften und Gestaltungsfragen, die den Rahmen für die inhaltliche Darstellung bilden
- Inhaltliche Richtigkeit und Eindeutigkeit
- Kriterien der Darstellung
  - Begriffsklarheit, Definition und Abgrenzung der Begriffe für die Arbeit sowie konsequente Benutzung in der definierten Form
  - Inhaltliche Richtigkeit und Eindeutigkeit
  - Objektivität, Verdeutlichen von Bewertungsmaßstäben, im ursprünglichen Bedeutungszusammenhang zitieren, nicht sinnentstellend umfunktionieren
  - Vollständigkeit der Bearbeitung des Themas, Eingrenzungen sind deutlich und plausibel zu begründen

- Transparenz und Übersichtlichkeit in der gesamten Struktur der Arbeit (Gliederung, Argumentation und Formulierung)
- Nachprüfbarkeit, Einhalten der Zitierrichtlinien [3]

Diese Anforderungen gelten gleichermaßen auch für die neuen Formen der Thesis in Bachelor- und Masterstudiengängen.

Haus- und Abschlußarbeiten sowie Referate sollen einerseits den Nachweis erbringen, dass der Verfasser mit den Methoden und Techniken des wissenschaftlichen Arbeitens gleichermaßen vertraut ist wie mit der wissenschaftlichen Fragestellung. Zum anderen stellt jede Arbeit auch eine Dienstleistung für die angesprochene Zielgruppe (Zuhörer, Prüfer) dar. Sie sollten daher anstreben, die Erwartungen und Anforderungen der Zielgruppe zu erfüllen, um dieser das Nachvollziehen und Überprüfen Ihrer Gedankengänge so weit wie möglich zu erleichtern.

Jede Arbeit, die von anderen gelesen, verstanden und akzeptiert werden soll, erfordert auch das Einhalten von Konventionen. Das beginnt mit inhaltlicher Richtigkeit, nachvollziehbaren Gedankengängen und Verständlichkeit, geht über die Beachtung der Grundsätze zu formaler Richtigkeit, Übersichtlichkeit, Klarheit und Sauberkeit und reicht bis zur interessanten Darstellung.

Vermeidbare Fehler gehen hier im Zweifel immer zu Lasten des Verfassers.

Zwischen wissenschaftlichen Arbeiten und Ausarbeitungen in der beruflichen Praxis bestehen nur geringe Unterschiede. Daher lassen sich zukünftige Arbeitgeber auch zunehmend Abschlussarbeiten als exemplarisches Muster der persönlichen Arbeitsweise von Bewerbern vorlegen.

---

3 Vgl. zu diesem Absatz Wicher/Jensen, Anleitung, 1993, S. 10.

1.2 Zur Benutzung dieses Leitfadens

a. Hinweise zur Benutzung

In den letzten Jahren ist eine Tendenz festzustellen, daß Autoren, Verlage und Prüfer zunehmend von den bisher weitgehend standardisierten und akzeptierten formalen Regeln abweichen.

Insbesondere scheint es als besonders 'international' zu gelten, einzelne amerikanische Regeln (aus einer auch dort bestehenden Vielfalt und Uneinheitlichkeit) aus dem Zusammenhang gerissen zu übernehmen, dabei oft unvollständig und jeder etwas anders.

Nicht nur spezielle Anweisungen einzelner Prüfer, sondern insbesondere eine Fülle von neuen Buchtiteln zum Thema Wissenschaftliche(s) Arbeiten mit **zunehmend individuell 'gestrickten' Formal-Regeln** machen eine generelle Anleitung auf Basis einer breit akzeptierten Form inzwischen fast unmöglich.

Für die Studierenden ergibt sich dadurch leider eine höchst verwirrende und unbefriedigende Lern- und Ausbildungs-Situation. Für sie fehlen verläßliche Regeln und die Vielfalt führt dazu, daß sie für ihre diversen Arbeiten bei verschiedenen Prüfern völlig unnötig umlernen müssen. Im Prinzip wichtige und notwendige Formalia werden dann eher als sachlich nicht nachvollziehbare (willkürliche) Vorschriften der Prüfungsinstanzen empfunden.

Wir haben uns daher bemüht, den wesentlichen Kern und die wichtigsten Varianten der formalen Regeln darzustellen als **Hilfestellung und Kompaß für Studierende und Prüfer**.

Die von Ihren Prüfungsinstanzen (Fachbereiche, Lehrstühle, Prüfer) jeweils vorgeschriebenen Regeln und Erwartungen sollten Sie aber unbedingt erkunden. Wir empfehlen dringend, sich an diese speziellen Regeln zu halten, gleichgültig ob sie schriftlich oder nur mündlich vorliegen und selbst bei groben Abweichungen von den Empfehlungen dieses Leitfadens.

Die wichtigsten Tatbestände, die Sie selbst in dieser Form klären müssen, haben wir durch eine Hand gekennzeichnet:

Unbedingt in Ihrem Einzelfall klären !!!

Organisatorische Tipps für Ihre Arbeit:

Organisatorische Tipps

Tipps für den Umgang mit dem PC und wichtigen Programmen:

Tipps für die PC-Nutzung

b. Ziel und Gestaltung dieses Leitfadens

In wissenschaftlichen Arbeiten sollen unterschiedliche Schriften (Schriftarten, -größen, -auszeichnungen) eher sparsam eingesetzt werden. In diesem Leitfaden mussten wir in einigen Kapiteln davon abweichen. Die Gründe dafür liegen in dem **Ziel dieses Leitfadens**, ein **kompaktes Lern-, Lehr-** und vor allem ein **Nachschlagewerk** zu sein.

So haben wir bspw. die Elemente von Quellenangaben zur Verdeutlichung kursiv und in gerade Anführungszeichen (" ") gesetzt, um sie vom reinen Text und wörtlichen Zitaten abzuheben. Auch die kompakten tabellarischen Zusammenstellungen zu Quellenangaben enthalten zur Verdeutlichung unterschiedlichster Inhalte viele Auszeichnungen wie fett und kursiv, da Sie als Leser sonst statt auf einer übersichtlichen Seite die gleichen Inhalte auf vielen Textseiten suchen und nachlesen müssten.

Wir haben sehr viel Wert darauf gelegt, dieses Buch formal als Muster für eine wissenschaftliche Arbeit zu gestalten. Abweichungen von den Formen wissenschaftlicher Arbeiten sollen ein schnelles Nachschlagen erleichtern oder haben rein didaktische Gründe. Z.B. die zur Verdeutlichung und Motivation der Leser und Leserinnen eingefügten Fragen[4] unter Überschriften, die weitgehende Hervorhebung von Schlagworten und Verdeutlichungen mit Spiegelstrichen und nicht zuletzt die Smileys.

---

[4] Fragesätze als Kapitelüberschriften sind in wissenschaftlichen Arbeiten streng untersagt!

2. Rahmenbedingungen der Arbeiten

Welche allgemeinen Anforderungen muß ich beachten?

2.1 Anforderungen der Prüfungsordnung

Ihr Prüfungsamt handelt nach den Regeln, die in der Prüfungsordnung Ihres Studiengangs festgelegt sind. Studieren Sie daher genau die aktuelle für Sie gültige Prüfungsordnung und fragen Sie im Zweifel beim Prüfungsamt und Ihren (potentiellen) Prüfern exakt nach.

Dabei klären Sie bitte insbesondere folgende wichtige Punkte:

- **Voraussetzungen** der Zulassung für die jeweilige Arbeit ('Scheine' etc.).
- **Festlegung des Themas**
  - Wer legt das Thema fest?
  - Bis wann und wie kann das Thema noch geändert werden?
- **Prüfer/Betreuer/Gutachter**
  - Wer kann Prüfer sein?
  - Wer wählt die Prüfer aus?
- **Formalia der Anmeldung**
  - Antragsformulare, Unterschriften
  - Abgabe- und Genehmigungsfristen
  - Beginn und Ende der Bearbeitungszeit
  - Bearbeitungsmöglichkeiten vor Beginn der offiziellen Frist
- **Abgabetermin**
  - Datum, Uhrzeit
  - persönliche Abgabe, Postweg(-Stempel)
  - Möglichkeiten und Verfahren einer eventuellen Fristverlängerung

Fragen zu Inhalt und Form der Arbeit

- **Seitenumfang** der Arbeit
  - Ist der Seitenumfang festgelegt? Wenn ja, wie?
  - Minimum-Maximum? Bezogen nur auf Textseiten? Ausnahmeregelungen?
  - Begrenzungen bzgl. eines Anhangs
- **Form-Fragen**
  - Anzahl der abzugebenden Exemplare und/oder Datenträger
  - Formfragen der Kapitel 5, 6 und 7. Vgl. die Übersicht in 2.5 , S.9.
- **Ehrenwörtliche Erklärung / Versicherung**
  - Ist eine solche Versicherung erforderlich?
  - Ist ein bestimmter Wortlaut vorgeschrieben?

2.2 Themenstellung

Soll ich ein weit oder eng gefaßtes Thema wählen?

Bei der Themenstellung gibt es immer zwei extreme Möglichkeiten:

- Bei einem **weit** gefassten Thema erhalten Sie einen größeren Überblick über das Arbeitsgebiet, bleiben aber notwendigerweise mehr an der Oberfläche bzw. im allgemeinen.
- Ein **eng** gefasstes Thema erfordert einen tieferen Einstieg in eine spezielle Problematik und deren Literatur. Es ermöglicht aber nur einen geringeren Überblick über das Arbeitsgebiet. Um also nicht Spezialist im schlechten Sinne zu werden, empfiehlt es sich, das Thema in Zusammenhänge einzuordnen und Verbindungen herzustellen.

Auch eine wissenschaftliche Arbeit werden Sie nur dann mit hoher Motivation und damit tendenziell besser bearbeiten, wenn Sie sich für das Thema persönlich interessieren. Daher sind eigene Wünsche und Vorschläge für die Themenstellung meist erwünscht.

Bei freier Themenwahl sollte die Suche und Formulierung geeigneter Themen bereits als Bestandteil der Gesamtleistung betrachtet werden.

Bei aufmerksamem Durcharbeiten (der letzten Jahrgänge)[5] der Fachliteratur lassen sich immer wieder Hinweise zu neuen, ungelösten bzw. unzureichend dargestellten Problemfeldern finden. Diese zu erkennen, herauszuarbeiten und abzugrenzen sind die ersten Schritte zur Themenfindung und -bearbeitung. Lesen Sie hierzu bitte Kap. 4.1, S.43.

2.3 Umfang der Arbeiten

Wieviel soll und darf ich schreiben?

Grundsätzlich gilt: kurze und präzise Arbeiten sind besser als langatmige und weitschweifige.

Halten Sie bitte unbedingt die **Seitenvorgaben** Ihres Prüfers ein. Wer seinen Text unbekümmert um die Begrenzung zu lang verfasst, verfehlt schlicht einen Teil seiner Aufgabenstellung und läuft Gefahr, dass seine Arbeit nicht angenommen wird[6].

[5] Siehe auch 4.3d, S. 62.

[6] Siehe auch 2.5, S. 9.

Die als Maximum vorgegebenen Seitenzahlen beziehen sich auf die **Ausführungen zum Thema**, ohne die Vor- und Nachtexte wie Verzeichnisse.

Hausarbeiten / Referate:

- Einzelarbeiten: als Richtwert gelten meist 10 bis max. 15 Text-Seiten.
- Gruppenarbeiten: das Vielfache, wobei das Maximum i.d.R. nicht ausgeschöpft werden sollte.

Bachelorarbeiten (Bachelorthesis)	ca. 30 bis 40 Seiten. Vorrang haben aber geltende Prüfungsvorschriften bzw. Vereinbarungen mit Ihrem Prüfer.
Diplomarbeiten Masterthesis Magisterarbeiten	ca. 40 bis maximal 60 Seiten.[7] Vorrang haben aber geltende Prüfungsvorschriften bzw. Vereinbarungen mit Ihrem Prüfer.
Dissertationen	In der Regel ohne Seitenbegrenzung.

Gruppenarbeiten sind meist zugelassen, um Teamarbeit zu fördern. Wenn eine individuelle Einzelleistung nachzuweisen ist, müssen die Gruppenmitglieder schriftlich in der Arbeit erklären, wem welcher Teil zuzurechnen ist. Oft ist auch noch ein zusätzliches Fachgespräch zu absolvieren.

Aus Erfahrung empfehlen wir, Gruppenarbeiten mit mehr als zwei Teilnehmern zu vermeiden.

2.4 Betreuung und Anforderungen ihrer Prüfer

Welche Anforderungen meiner Prüfer muß ich beachten?

Die **Betreuung** durch Ihre Prüfer erstreckt sich im allgemeinen auf:

- die Besprechung des Themas und dessen Formulierung,
- die zwei- bis dreimalige Besprechung der Gliederung sowie
- die Klärung von Teilfragen, die der Bearbeiter nicht selbständig und aus der Literatur beantworten kann.

[7] Hier ist zu berücksichtigen, dass gegenüber den alten Regeln für Schreibmaschine die Zahl der Anschläge pro Seite erheblich vergrößert ist durch schmalere Seitenränder, geringeren Zeilenabstand und Proportionalschrift (vgl. Pkt. 6.1).

Achten Sie darauf,

- die Sprechzeiten einzuhalten bzw. Termine vorher zu vereinbaren.
- Gehen Sie nur mit einer schriftlichen Frageliste in die Sprechstunde.
- Schreiben Sie die Ergebnisse der Beratung sorgfältig mit!

Klären Sie in der **Sprechstunde** folgende Fragen:

Die Fragen aus Kapitel 2.1, S. 5, insbesondere:

- **Seitenumfang** der Arbeit
  - Ist der Seitenumfang festgelegt? Wenn ja, wie?
  - Minimum-Maximum? Bezogen nur auf Textseiten? Ausnahmeregelungen?
  - Begrenzungen bzgl. eines Anhangs
- **Form-Fragen**
  - Anzahl der abzugebenden Exemplare und Datenträger
  - Formfragen der Kapitel 5, 6 und 7.
    Nutzen Sie die **Checkliste** in Kap. 2.5, S. 9.
  - Wünsche an Visualisierungen im Text wie:
    Anzahl der Abbildungen und Tabellen, Einsatz von Farben.
- **Spezielle Wünsche** Ihrer Prüfer wie:
  - Spezielle Themenschwerpunkte
  - Vorlieben für bestimmte Theorien
  - Vorlieben für bestimmte Untersuchungsmethoden
  - Bedeutung des Praxisbezuges
  - Aus seiner Sicht unverzichtbare sowie nicht geeignete Quellen
  - Sprachstil – Vgl. auch Kap. 8, S. 159

  Viele dieser Fragen können Sie sich schon selbst beantworten, wenn Sie Veröffentlichungen, Vorlesungsunterlagen und korrigierte studentische Arbeiten Ihrer Prüfer genauer analysieren.
- Fragen der **Zusammenarbeit**
  - Bevorzugte Kommunikationswege Ihrer Prüfer:
    persönliches Gespräch, Telefon, Fax, Email
  - Häufigkeit der Kontakte
  - Erwartete Teilnahme an bestimmten Veranstaltungen der Prüfer
  - Wird die Abgabe von Zwischenergebnissen erwartet bzw. akzeptiert?

Emails müssen wie Briefe eine **akzeptable Anrede** und eine **vollständige Absenderangabe** enthalten, am besten in Form einer sog. 'Visitenkarte'. Sie können sonst bei den Empfängern schnell höchsten Unwillen erzeugen!

2.5 Checkliste für Ihre Betreuer

Nachfolgend finden Sie eine Auswahl formaler Punkte, die Sie in jedem Fall mit Ihren Prüfern klären sollten, um auf deren besondere Wünsche eingehen zu können.

Darst. 1: Checkliste für Betreuer

Erwünscht ist das Einhalten folgender formaler Aspekte:			Buchseite
Seitenumfang:	von .... bis max. .... Seiten		6 ff.
Zitierweise:	❍ Vollbeleg		152 f.
	❍ Erweiterter Kurzbeleg		154 ff.
	❍ Kurzbeleg im Text		154 ff.
	❍ Besondere Zitieranforderungen		154 ff.
Randbreite:	links ca. .... cm	oben ca. .... cm	
	rechts ca. .... cm	unten ca. .... cm	96
Zeilenabstand:	❍ einfach	❍ 1,....-zeilig	97 f.
Schriftart u. .größe	❍ Serifen-Schrift	❍ Serifenlose Schrift	
	❍ Größe: .... Punkt		97
Rechtschreibung:	❍ bisherige		
	❍ neue	❍ neue (gemäßigt)	160 f.
Internet-Quellen:	❍ als Kopie bereithalten	❍ auf CD	
	❍ als Anlage beifügen		131 ff.
Literaturverzeichnis:	❍ nicht teilen in Bücher, Zeitschriften, ...		116 ff.
	❍ teilen in		
Abgabe:	wieviel: Anzahl Exemplar/e		5 ff.
	wie: Klemm- oder Schnellhefter, ...		
	wo:		
	wann: Bis spätestens		
	❍ Datenträger mit Datei der Arbeit		
Präsentation:	❍ Präsentation/Vortrag von .... Minuten		177
Weitere Besonderheiten:			

2.6 Grundsätzliche Arbeitsschritte

Welche Aufgaben und Arbeiten erwarten mich?

Bei der Erstellung Ihrer Arbeit werden Sie die folgenden grundsätzlichen Schritte etwa in der angegebenen Reihenfolge durchlaufen müssen.

Wie bei den meisten komplexen Prozessen ist der Ablauf in der Praxis aber nicht streng hintereinander geschaltet, sondern wird sich immer wieder überlappen und Sie werden nach der Methode 'trial and error' auch immer wieder einen bereits durchlaufenen Schritt erneut zur Überprüfung durchführen.

Dennoch soll Ihnen die folgende Aufstellung eine Orientierung geben, damit Sie nicht so leicht die Übersicht über Ihr Vorhaben verlieren.

Sie finden diese Schritte wieder in Kap. 4.2, S. 50 ff., Zeit- und Ablaufplanung, die Sie unbedingt im Auge behalten müssen.

Darst. 2: Grundsätzliche Arbeitsschritte

		Kapitel	Seiten
0.	Vor der offiziellen Eintragung Ihrer Arbeit:		
	Vorarbeiten, Vorplanung, lfd. Planung u. Kontrolle		
	Rahmenbedingungen und Umfang des Themas klären	2.	5
	PC- und Internet-Nutzung klären	3.	11
	Thema klären, Grobgliederung	4.1	43
	Zeitplanung erstellen	4.2	50
1.	**Material sammeln** (Literatur etc.)	4.3	53
	Eigene Untersuchungen	4.4	66
	Thema ausloten und **abgrenzen**	4.1	43
2.	**Material sichten**, auswählen, ordnen, strukturieren	4.3e	65
	Gliederung (Strukturen)	5.	75
3.	**Material auswerten**		
	Gliederung überarbeiten	5.	75
	Erstfassung schreiben	5.2	80
4.	**Reinschrift** (überarbeiten der Erstfassung):		
	- Inhalt	6., 7.	95, 141
	- Form	6., 7.	95, 141
	- Sprache	8.	159
5.	**Druckfassung** (überarbeiten der Reinschrift)	10.	185
6.	**Drucken** und **Binden**	10.1b	188

3. Nutzung von PC und Internet

Was sollte ich bei Einsatz der Textverarbeitung, der Nutzung des Internet und von Literaturverwaltung grundsätzlich wissen?

Von Prof. Wolfram E. Rossig und Dipl.-Wi.-Sinologe Manuel Fries

3.1 Grundeinstellungen der Textverarbeitung

Welche Grundeinstellungen ersparen mir spätere Probleme?

3

Beim Einsatz eines Textverarbeitungsprogramms sind für die Verfasser einer längeren Arbeit eine Reihe spezifischer Vorgehensweisen und Techniken wichtig, wenn sie nicht Tage oder Wochen Ihres kostbaren Lebens im Kampf mit den Eigenmächtigkeiten der Software verlieren wollen. Nachfolgend stellen wir Ihnen einige ausgewählte Empfehlungen am Beispiel des am weitesten verbreiteten Textverarbeitungsprogramms **Word** 2000/2003 vor.

Die Anwender anderer Versionen und Programme mögen uns diese Auswahl nachsehen und aus den grundsätzlichen Empfehlungen für sich analoge Schlüsse bezüglich ihres speziellen Programms ableiten. Eine weitergehende Beschreibung – auch anderer Programme – muß entsprechender aktueller Spezialliteratur und den speziellen Hilfefunktionen der Programme überlassen bleiben.

Bevor Sie überhaupt mit dem Schreiben anfangen empfiehlt sich, eine Reihe von Schritten zu vollziehen, mit denen Sie während des Schreibens und insbesondere in den Tagen und Nächten vor dem Abgabetermin ein Vielfaches an **Zeit und Nerven einsparen** werden.

Die beiden wesentlichen Schritte sind:

1. die Grundeinstellungen des Textverarbeitungsprogramms
2. die Grundeinstellungen Ihrer Datei, in der Sie die Arbeit schreiben

Halten Sie die nachfolgende **Reihenfolge unbedingt ein!!**

a. Grundeinstellungen von Word

- **Installieren** Sie auf Ihrem PC (ggf. zusätzlich) den **Drucker**, auf dem Sie auch die Endfassung Ihrer Arbeit drucken wollen, da jeder andere Drucker die Zeilen- und Seitenumbrüche Ihrer Arbeit wieder verändern kann:
  - START: EINSTELLUNGEN: SYSTEMSTEUERUNG: DRUCKER: NEUER DRUCKER ...
  - ALS STANDARDDRUCKER VERWENDEN: Ja.

- Öffnen Sie ein neues Dokument und speichern es unter einem kurzen Namen für Ihre Arbeit, z.B. 'DiplArb'.

- Stellen Sie die **Druckoptionen** ein: Menü DATEI: DRUCKEN: OPTIONEN: oder Menü EXTRAS: OPTIONEN: DRUCKEN:

DRUCKOPTIONEN:

☑ Felder aktualisieren
☑ Verknüpfungen aktualisieren
☑ Anpassen an A4 ...
☑ Drucken im Hintergrund
☑ Umgekehrte Druckreihenfolge
☐ Rest ausschalten

MIT DEM DOKUMENT AUSDRUCKEN:

☐ Ausgeblendeten Text
☑ Zeichnungsobjekte
☐ Rest ausschalten

b. Grundeinstellungen des Dokuments (Datei 'DiplArb')

- Stellen Sie das Menü ANSICHT: Seitenlayout ein oder aktivieren Sie die entsprechende Schaltfläche am unteren linken Rand Ihres Fensters.
- Aktivieren Sie ggf. die **Tabulator-Leiste**: Menü ANSICHT: ☑ LINEAL:

  In Word (Menü ANSICHT: ☑ Lineal) 'hängt' sich die Ansicht der Tabulatorleiste gern auf, d.h. sie zeigt nicht mehr die aktuellen Tabulatoren oder sie wirkt zerstört (eine interessante Neuerung). Abhilfe: Tabulatorleiste einmal ausschalten ☐ Lineal und wieder einschalten ☑ Lineal.
- Aktivieren Sie die **Symbol-Leisten**: Menü ANSICHT: SYMBOLLEISTEN: ☑ Standard und ☑ Format und schalten Sie ☐ Web aus. Schneller geht dies mit einem rechten Mausklick direkt in den Symbolleisten-Bereich.
- Aktivieren Sie die Anzeige der Steuerungszeichen für Ihre Textformatierungen (wie Absatz, Zeilenwechsel etc.), damit Sie diese immer vor Augen haben mit der Schaltfläche [¶] in der oberen Schaltflächenreihe.
- **Schalten Sie alle** problematischen **AutoFormat**-Einstellungen **aus**:

  Menü FORMAT: AUTOFORMAT...: OPTIONEN...:

  - **Register:** **AUTOKORREKTUR**:
    ☐ Jeden Satz mit Großbuchstaben beginnen
  - **Register:** **AUTOFORMAT WÄHREND DER EINGABE**:

    WÄHREND DER EINGABE ZUWEISEN:
    ☐ alle ausschalten

WÄHREND DER EINGABE ERSETZEN:
☐ Konzeptsymbole ...
☐ Internet ... durch Hyperlinks
☐ "Gerade Anführungszeichen" durch „typographische", wenn Sie die Form wechseln wollen

WÄHREND DER EINGABE AUTOMATISCH ERSETZEN:
☐ alle ausschalten

- ◦ **Register:** **AUTOFORMAT**:
  ÜBERNEHMEN: ☐ alle ausschalten
  ERSETZEN: ☐ Konzeptsymbole ...
  ☐ Internet- ... durch Hyperlinks
  ☐ "Gerade Anführungszeichen" ... (siehe oben)
  BEIBEHALTEN: ☑ Formatvorlagen

Benutzen Sie in längeren Dokumenten **nie** die **automatischen Aufzählungszeichen** und **Nummerierungen** (außer für die Nummerierung von Überschriften in den Formatvorlagen 'Überschrift 1, 2, ...'). Insbesondere das Kopieren solcher Absätze hat katastrophale Folgen!!!

- Stellen Sie die **automatische Silbentrennung** ein:

Menü **EXTRAS**: SPRACHE: SILBENTRENNUNG...: ☑ AUTOMATISCHE SILBENTRENNUNG... und SILBENTRENNZONE: 0,3 cm

- Stellen Sie das Menü **EXTRAS: OPTIONEN**: ein:
  - ◦ **Register: KOMPATIBILITÄT**:

    EMPFOHLENE OPTIONEN FÜR: Benutzerdefiniert

    OPTIONEN:

    ☑ Abstand vor ... ☑ Keinen automatischen ...
    ☑ Bei Hoch-/Tiefstellung ... ☑ Keinen Leerraum hinter WMF-...
    ☑ Druckermaße ... ☑ Manuelle Seitenwechsel ...
    ☐ Den Rest können Sie ausschalten

  - ◦ **Register: ANSICHT**:

    ANZEIGEN: ☐ Feldfunktionen
    ☑ Rest

    FORMATIERUNGSZEICHEN: ☑ Alle

    SEITEN- U. WEBLAYOUTOPTIONEN: ☐ Vertikales Lineal
    ☐ Textbegrenzungen
    ☑ Rest

    OPTIONEN ...: ☐ Alle

3

- **Register: BEARBEITEN:** ☐ Überschreibmodus
  ☑ Rest
- **Register: RECHTSCHREIBUNG UND GRAMMATIK:**
  ☑ Rechtschreibung während der Eingabe überprüfen
- **Register: ALLGEMEIN:** MAßEINHEIT: Zentimeter
  auf jeden Fall einschalten: ☑ Autom. Verknüpfung. ... aktualisieren
- **Register: SPEICHERN:** ☑ Sicherungskopie immer erstellen
  ☑ Speicherung im Hintergrund oder Hintergrundspeicherung (2003)
  ☑ AutoWiederherstellen-Info...: 10 min.
  soll **Dateiverlusten** vorbeugen: ☐ Schnellspeicherung zulassen

c. Einrichten Ihrer Datei 'DiplArb'

- Richten Sie die Gestaltung Ihrer Seiten ein, indem Sie die **Seitenränder** und die sonstigen Möglichkeiten des **Seitenlayouts** einstellen.

  Menü DATEI: SEITE EINRICHTEN: (siehe auch 6.1c und d, S. 96.)

  Register: (PAPIER)FORMAT:
  A4 und Hochformat und
  ANWENDEN AUF/ÜBERNEHMEN FÜR: Gesamtes Dokument.

  Register: SEITENRÄNDER:
  ANWENDEN AUF/ÜBERNEHMEN FÜR: Gesamtes Dokument

- **Text-Abschnitte einrichten**

  Für die unterschiedlichen Seiten-Nummerierungen und ggf. Kopfzeilen benötigen Sie in Word verschiedene sog. 'Abschnitte'. Das sind in Ihrer Arbeit mindestens die Abschnitte

  - Titelblatt,
  - Inhaltsverzeichnis,
  - Abkürzungsverzeichnis,
  - Text (ggf. für jedes Kapitel ein eigener Abschnitt),
  - Literaturverzeichnis.

  Füllen Sie die erste Seite Ihres Dokuments mit einigen leeren Absätzen, indem Sie mehrmals ↵ ENTER drücken. Sie erhalten für jeden Absatz ein Absatzzeichen (¶), in dem Word alle Informationen zur Formatierung des jeweiligen Absatzes speichert.

Setzen Sie den Cursor vor ein ¶ und fügen einen Abschnittswechsel/ -umbruch ein:
Menü EINFÜGEN: MANUELLER WECHSEL/UMBRUCH: ABSCHNITTSWECHSEL/ -UMBRUCH: ⊙ Nächste Seite. Erstellen Sie so Ihre fünf Bereiche.

Wenn Sie mit dem Cursor bspw. in den so entstandenen 2. Abschnitt (2. Seite) gehen, sehen Sie in der Fußleiste von Word die Angaben Seite 2 Ab 2 für Seite 2, zugehörig zu Abschnitt 2 usw..

Schreiben Sie jetzt in jedem Abschnitt in den ersten Absatz die Kapitelüberschrift: auf Seite 1 den Text 'Titelblatt', auf Seite 2 den Text 'Inhaltsverzeichnis' ... 'Überschrift 1' usw..

- **Formatvorlagen erstellen**

Jeder Absatz wird in einer Textverarbeitung mit mehreren Angaben zur Schrift und zu Abständen definiert. Das 'Bündel' dieser Angaben können Sie in einer Absatz-Formatvorlage mit einem Namen speichern und mit einem Mausklick jedem Absatz zuordnen.

Wollen Sie eine Änderung des Aussehens dieses Absatz-Typs, können Sie seine Formatvorlage ändern und Word ändert automatisch alle Absätze dieses Namens in Ihrer gesamten Arbeit. Musterhaft zeigen wir Ihnen dieses Verfahren.

Gehen Sie in Ihren Bereich 'Text' und füllen Sie etwa zwei Seiten mit leeren Absätzen (¶). Schreiben Sie in die beiden ersten Absätze je einen Text von mehreren Zeilen.

Absatz formatieren

Sie wollen die 'zusammenklebenden' Absätze optisch trennen. Dazu stellen Sie nach einem Klick in den ersten Absatz über das
Menü **FORMAT: ABSATZ:** EINZÜGE UND ABSTÄNDE: **ABSTAND NACH:** 6pt ein (die 0 überschreiben oder mit dem kleinen Pfeil einstellen). 6pt (Punkt) ist etwa die halbe Höhe einer 'einfach'-Zeile.

Unter **ZEILENABSTAND** stellen Sie EINFACH (etwa 1 pt größer als die gewählte Schrift) oder MEHRFACH: z.B. 1,3 (Zeilenhöhen) oder GENAU xx pt ein.

Unter **AUSRICHTUNG** wählen Sie 'BLOCKSATZ' .

Unter ZEILEN- UND SEITENWECHSEL/SEITENUMBRUCH sollte die ☑ **ABSATZKONTROLLE** aktiviert werden. Sie verhindert, dass bei einem Seitenwechsel nur eine Zeile des Absatzes vor oder nach dem Seitenumbruch abgetrennt wird.

Neue Formatvorlage erstellen

Dieser Absatz soll Abs1-6n heißen; für Absatz der 1. Ebene und 6pt Abstand zum nächsten Absatz. Links oben in der dritten Zeile des Word-Kopfes steht ein weißes Feld: 'Standard' für Standard-Absatzformat. Nach einem Klick in dieses Formatvorlagenfeld (blau hinterlegter Text) überschreiben Sie den Eintrag mit 'Abs1-6n' und drücken ↵ ENTER.

Allen weiteren Absätzen können Sie diese Vorlage nach einem Klick in den Absatz zuordnen, wenn Sie das Formatvorlagenfeld mit dem kleinen Dreieck öffnen und auf den Namen der Vorlage klicken.

Formatvorlage ändern

Ändern Sie Ihren Absatz, können Sie die Änderungen wie folgt in der Formatvorlage speichern: Klick in den Absatz, Klick in das Formatvorlagenfeld, ↵ ENTER und NEU DEFINIEREN: OK.

Genauere Einstellungen sind möglich über das

Menü Format: Formatvorlage: Bearbeiten bzw.

in Word 2003 über FORMAT: FORMATVORLAGEN UND FORMATIERUNGEN: Auswahl der Formatvorlage, MENÜ FORMATVORLAGE ÄNDERN und noch feiner im Untermenü FORMAT (Schaltfläche links unten).

Die Formatvorlage 'Standard' kann nur über dieses Menü geändert werden.

Erstellen bzw. ändern Sie nach diesem Muster die Formatvorlagen für:

- Ihre wichtigsten Varianten für Text-Absätze
- das Inhaltsverzeichnis (vorhanden: Verzeichnis 1, 2, 3, ...)
- die Überschriften (vorhanden: Überschrift 1, 2, 3, ...)
- die Fußnoten (vorhanden: Fußnotentext),
- Beschriftungen (Überschriften für Darstellungen)
- Quellenangaben für Darstellungen
- das Literaturverzeichnis

Schreiben Sie dann Ihre ersten Texte und probieren Sie sehr bald sowohl die Bedienung der Textverarbeitung aus als auch Ihren speziellen Bedarf an Formatvorlagen. Sie ersparen sich durch solch eine frühe Vorbereitung eine Unmenge späterer manueller Formatierungen in einem Text von vielen Seiten.

- **Die Grundstruktur Ihrer Datei 'DiplArb' einrichten**

Führen Sie den Punkt 'Text-Abschnitte einrichten' fort. Dort haben Sie bereits am Anfang jedes Textabschnittes die Kapitelüberschrift eingegeben. Jetzt folgt die Einrichtung der Grundstruktur Ihrer Gliederung (Text-Teil der Arbeit).

Schreiben Sie jeweils in einen Absatz einen Platzhalter für die Gliederungsüberschriften der ersten bis dritten Ebene, jeweils gefolgt von einigen leeren Absätzen für Ihren späteren Text. Das ganze sieht dann etwa wie folgt aus:

```
Titelblatt
¶
Inhaltsverzeichnis
¶
Überschrift 1
¶
Überschrift  1.1
¶
Überschrift    1.1.a
¶
Überschrift    1.1.b
¶
Überschrift    1.1.c
¶
Überschrift  1.2
¶
Überschrift    1.2.a
¶
Überschrift    1.2.b
¶
...
----------Abschnittswechsel
Überschrift 2
...
bis
Überschrift 9
...
```

Diese Platzhalter werden dann im Laufe Ihrer Arbeit durch die zunehmend richtiger werdenden Überschriften ersetzt.

Weisen Sie danach den Überschriften die Formatvorlagen für die automatische Gliederungsnummerierung zu (wie im nächsten Unterpunkt beschrieben).

- **Automatische Gliederungsnummerierung erstellen**

Gehen Sie in die Gliederungsansicht: Menü ANSICHT: GLIEDERUNG. Weisen Sie den Absätzen mit den grünen (rechts/links-) Pfeilen am oberen linken Bildschirmrand ihre Gliederungs-Ebenen zu, die Absätze erhalten damit auch die Formatvorlagen Überschrift 1, 2, 3.

3

Wechseln Sie wieder in die Ansicht Seiten-Layout und markieren alle Gliederungsabsätze. Im Menü FORMAT: NUMMERIERUNG UND AUFZÄHLUNGEN/AUFZÄHLUNGSZEICHEN: GLIEDERUNG wählen sie z.B. die ALPHANUMERISCHE GLIEDERUNGSFORM mit Doppelklick aus. Die Feineinstellung Ihrer Nummerierungen nehmen Sie auch in diesem Menü unter ANPASSEN vor.

Bitte immer nur im ersten Gliederungspunkt einer Gruppe: also 1., 1.1, 2.1. Speichern Sie Ihre aktuelle Änderung durch Klick in das Feld der Formatvorlage und ↵ ENTER. Nehmen Sie auch spätere Änderungen immer nur in der ersten Überschrift der jeweiligen Ebene vor!

- **Automatisches Inhaltsverzeichnis erstellen und aktualisieren**

  Klicken Sie in den ersten Absatz nach Ihrer Überschrift 'Inhaltsverzeichnis'. Mit Menü EINFÜGEN: INDEX UND VERZEICHNISSE: INHALTSVERZEICHNIS: wählen Sie am besten FORMELL aus. Passen Sie dann die Formatvorlagen für alle Verzeichnisebenen (Überschrift 1, 2, 3, ...) in Größe, Schrift und Fluchtlinien an. Speichern Sie Ihre Änderung durch Klick in das Feld der Formatvorlage und ↵ ENTER.

  Das laufend notwendige **Aktualisieren** des Inhaltsverzeichnisses (und der anderen Verzeichnisse) erreichen Sie über einen Klick (rechte Taste) in das Verzeichnis und FELDER AKTUALISIEREN oder Klick in den Randbereich der ersten Zeile ⇗ (markiert das gesamte Verzeichnis) und F9.

Arbeiten Sie geduldig an diesen Grundeinstellungen, bis Ihre Überschriften, das Inhaltsverzeichnis und der Mustertext so aussehen wie in diesem Leitfaden.

Und jetzt starten Sie mit Ihren Texteingaben,
das Programm wird Sie bei allen Änderungen
immer auf einem übersichtlichen Stand halten.

d. Tipps zur laufenden Arbeit

- **Fußnoten**

  Zum Einfügen von Fußnoten und -zeichen siehe 7.4a und b, S. 149 f..

  Damit der Fußnotentext mit einem hängenden Einzug (wie in diesem Leitfaden) versehen wird, stellen Sie die FORMATVORLAGE ABSATZ folgendermaßen ein: EINZÜGE UND ABSTÄNDE: EINZUG: EXTRA: HÄNGEND UM: 0,3 cm. Dazu passend setzen Sie einen linken Tabulator bei 0,3 cm. Der Text Ihrer Fußnoten muss dann direkt nach dem Fußnotenzeichen mit einem Druck auf die Tabulator-Taste beginnen. Als Schriftgröße wählen Sie 8 - 9 Punkt.

- **Beschriftungen von Darstellungen**

  Zur Grundeinstellung der Beschriftungstexte geben Sie im Menü EINFÜGEN: (REFERNZ:) BESCHRIFTUNG: NEUE BEZEICHNUNG den Text 'Darst.' ein und unter NUMMERIERUNG die Variante 1, 2, 3, ...

  Setzen Sie den Cursor in den leeren Absatz über der Darstellung. Im Menü EINFÜGEN: BESCHRIFTUNG wählen Sie 'Darst.'. Nach dem vom Programm eingefügten Text mit laufender Darst.-Nr. schreiben Sie einen Doppelpunkt und danach den jeweiligen Beschriftungstext.

3

e. Datensicherheit

Es gibt viele Ursachen dafür, dass Sie während einer umfangreichen Arbeit Ihre mühsam erarbeiteten Daten oder Teile davon verlieren können oder dass die Datei mehr oder weniger verstümmelt wird:

- Systemabsturz: Das Betriebssystem hängt sich auf, bleibt stehen.
- Programmabsturz: Das Schreibprogramm hängt sich auf, bleibt stehen.
- Festplatten-Crash: Die Schreib-/Leseköpfe können nicht mehr auf die Datei zugreifen.
- Brand des Rechners (bei hoch getakteten Rechnern nicht selten!).
- System- oder Bedienungsfehler: Die Datei ist unerklärlich und unauffindbar komplett verschwunden.
- Speicherfehler Ihres Schreibprogramms: Beim Speichern tritt ein Fehler auf und Sie können nicht mehr auf die Datei zugreifen.
- Fehler Ihres Schreibprogramms: Der mühsam gestaltete und formatierte Text sieht plötzlich aus wie nach einem Wirbelsturm und die Funktion 'Rückgängig' hilft nicht.
- Bedienungsfehler, insbesondere beim Löschen bzw. Verschieben größerer Textteile
- Sonstige unerklärliche Absonderlichkeiten.

Nehmen Sie die (schlechten) Erfahrungen Ihrer Vorgänger aus unzähligen Diplom- und Hausarbeiten ernst, dass es fast jeden Autor mehr oder weniger schlimm trifft.

Abhilfe

◦ **Grundsätze**

- Speichern Sie Ihre Datei häufig
- Speichern Sie Ihre Datei mehrfach auf verschiedenen Datenträgern
- Lagern Sie Ihre Datei an verschiedenen Orten

- **Häufig speichern**
  - Die unter dem Menü EXTRAS: OPTIONEN: SPEICHERN: eingestellte Funktion 'Sicherungskopie immer erstellen' reicht nicht aus! Zudem führt sie dazu, dass auch alle anderen Word-Dateien zwei mal gespeichert werden und vielfach unnötig Platz auf der Festplatte belegen. Wir benutzen diese Funktion daher nicht.
  - Drücken Sie statt dessen in jeder kleinen Denkpause, spätestens alle 15 - 30 Minuten die Schaltfläche 'Speichern'.
  - Speichern Sie nach etwa 1/2 - 1 Stunde die Datei mit einem neuen Versionskennzeichen und arbeiten Sie damit weiter.

    Bsp.: DiplArb-1
    DiplArb-2
    DiplArb-3

    DATEI: SPEICHERN UNTER: ... DiplArb-x.

- **Mehrfach speichern** auf verschiedenen Datenträgern
  - Legen Sie einen Ordner 'Sicherung' an und speichern Sie dort parallel die Dateien mit Ihren Versionskennzeichen.
  - Speichern Sie mindestens die beiden letzten Versionen zur Mittagspause und nach Arbeitsschluss parallel auf zwei unterschiedlichen Datenträgern, davon möglichst auf einem transportablen, um ihn getrennt deponieren zu können.

  Die **Dateigrößen** 'explodieren' häufig, deshalb benötigen Sie ggf. ein Kompressions- oder Pack-Programm wie ZIP, ARJ oder RAR.

  Besonders zu empfehlen ist der **Dateimanager** 'Top Commander'[8], der alle Funktionen der Dateiverwaltung und alle gängigen Kompressions- und Dekompressions-Funktionen in einfachster Bedienungsform enthält.

- **Lagern** der Datei **an verschiedenen Orten**

  Lagern Sie mindestens einen auf Lesbarkeit geprüften Datenträger an einem anderen Ort. Stellen Sie sich einen Einbruch, Brand oder ähnliches eine Woche vor Fertigstellung Ihrer Arbeit vor! Lieber nicht.

---

[8] von Christian Ghisler, http://ghisler.com, Shareware, 28 €, für Studenten und Schüler 21 € (08/2006).

3.2 Internet-Grundorientierung

Was sollte ich wissen, um Qualitätssicherung und Zitierweisen von Internet-Quellen richtig einzusetzen?

Das Internet ist – trotz bedenkenswerter Risiken – aus der wissenschaftlichen Arbeit nicht mehr auszuklammern.

Wer aber mit diesem Medium arbeitet, steht einer Fülle spezieller Begriffe, Programme, 'Geräte' und Verfahren gegenüber, die erst einmal einzeln und dann in ihrem Zusammenwirken verstanden werden wollen.

In diesem Leitfaden soll und kann das Internet nicht ausführlich dargestellt werden. Dem Einsteiger soll jedoch eine Grundorientierung ermöglicht werden, um die Qualitätsbeurteilung und die Zitierregeln von Internet-Quellen besser zu verstehen.

Danach wird auf die Einsatzbereiche für wissenschaftliche Arbeiten und die Zitierrichtlinien eingegangen.[9]

a. Grundstruktur

Das Netz entstand, um knappe Rechnerressourcen besser zu nutzen und mit militärischer Unterstützung, um auch nach einem Ausfall einzelner Rechner eine funktionstüchtige dezentrale Computervernetzung sicherzustellen. 1969 startete das ARPANET als Verbund militärischer und ziviler Großrechner mit den Diensten TELNET und FTP. 1982 wurde das TCP/IP-Protokoll als offizielles Protokoll eingeführt. Seit 1983 heißt das Netz INTERNET und ist mit starker Beteiligung von Hochschulen und wissenschaftlichen Einrichtungen auch ein globales Wissenschaftsnetz.

Tim Berners-Lee entwickelte 1989 am European Laboratory for Particle Physics (CERN) das Konzept für ein universelles Hypertext-System (siehe HTML), das World Wide Web (WWW).

Das Internet ist heute das größte Netz von mehreren hundert Millionen weltweit miteinander verbundenen Computern (Hosts) unterschiedlicher Bauarten und Betriebssysteme (sog. Plattformen). Die Kommunikation untereinander erfolgt mit standardisierten Programmen (sog. Protokollen).

---

[9] Weitere Begriffserklärungen finden Sie unter: auch www.pcwebopaedia.com.

Darst. 3: Grundstruktur der Elemente des Internet

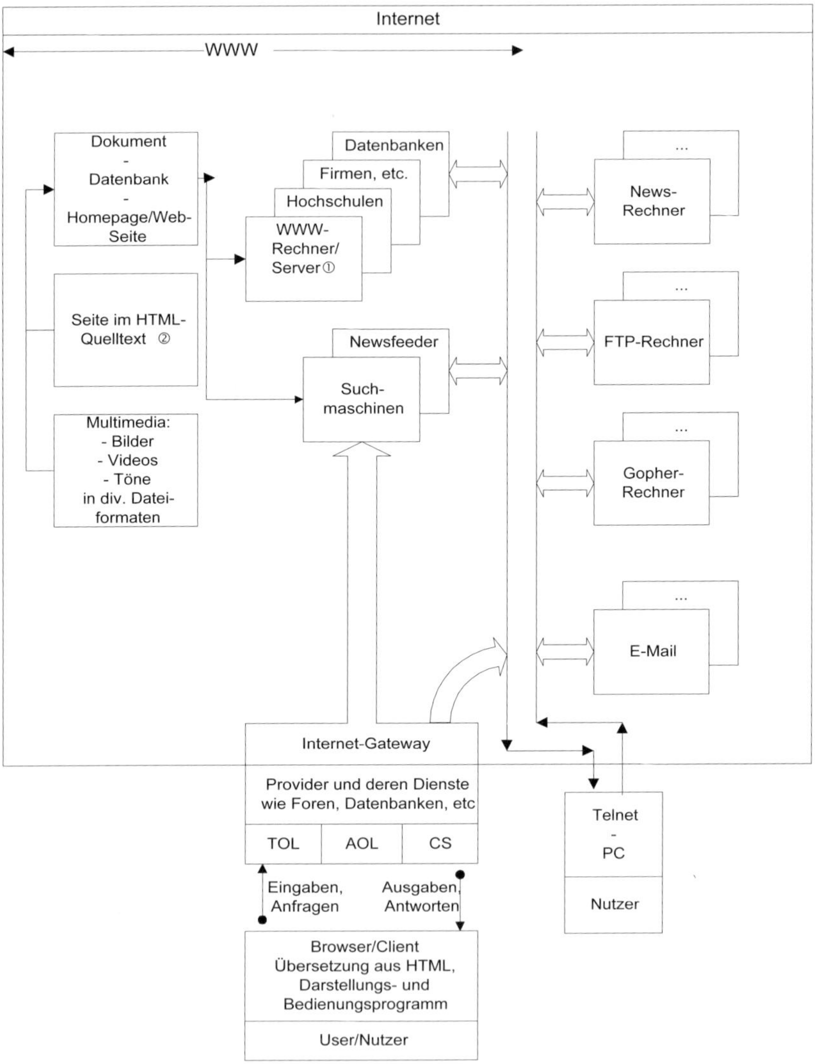

① Rechner, die in einem Netz Daten bereit halten, werden Server genannt.

② Sammlung aus Anweisungen (s. HTML) und Inhalten. Ein Browser macht daraus die gewünschte Bildschirmdarstellung.

Charakteristisch für das Internet sind folgende Aspekte:

- riesige Datenmengen
- unüberschaubar groß und unstrukturiert,
- anarchisch, d.h. nicht nach Themen organisiert,
- offen, d.h. jeder hat Zugang, als Anbieter und als Nachfrager.

Das direkt zugängliche Internet wurde bereits Ende 2000 auf mehr als 2,5 Milliarden Dokumente geschätzt, einschließlich angebundener Datenbanken und Intranets auf mehr als 550 Milliarden.

Es ist ein äußerst flüchtiges (oft virtuell genanntes) Medium. Eine Information, die Sie gerade erst auf Ihrem Bildschirm hatten, ist u.U. beim nächsten Zugriff (so) nicht mehr aufrufbar, weil:

- geändert,
- gelöscht,
- verschoben an andere Stelle oder Adresse,
- verändert, verfälscht durch fremden Zugriff (wenn ungeschützt).

Was Sie im Internet sehen, ist zunächst wirklich nur sichtbar, aber nicht zum Anfassen und Aufbewahren, bevor Sie es nicht ausgedruckt haben.

b. 'Protokolle' und 'Sprachen' im Internet

- **HTML** – **H**yper**t**ext **M**arkup **L**anguage

  HTML ist eine sog. Seitenbeschreibungssprache (Quellcode, Sourcecode) mit Befehlen zur Formatierung von WWW-Seiten (z.B. formatiert der Befehl (tag) <b> den folgenden Text fett. HTML kann auch Grafiken, Hintergrundbilder, Animationen und Kurzzeitfilme einbinden (Multimedia).

  Erst ein sog. Browser[10] wandelt diesen Inhalt auf Ihrem PC um und stellt die WWW-Seite auf Ihrem Bildschirm dar.

- **HTTP** – **H**yper**t**ext **T**ransfer **P**rotocol

  HTTP ist ein sog. Übertragungsprotokoll[11]/Kommunikationssprache im WWW zwischen den Rechnern und den Nutzern (Anwendungsebene). Es kann ein Dokument von einem Rechner auf alle anderen übertragen.

  Der Browser auf Ihrem PC erhält die Seite (z.B. Homepage) vom WWW-Rechner in HTML-Form und wandelt sie in die Bildschirmdarstellung um.

---

[10] Programm auf Ihrem PC, das die Nutzung des WWW-Dienstes ermöglicht (Software Client).

[11] Ein Protokoll (protocol) legt alle Parameter fest, die für die Datenfernübertragung nötig sind.

- **TCP/IP** – **T**ransmission **C**ontrol **P**rotocol / **I**nternet **P**rotocol

  Ein sog. Übertragungsprotokoll/Kommunikationssprache im Internet, d.h. die Sprache zwischen den Rechnern. Regelt die Kommunikation zwischen den Systemen und sorgt für einen reibungslosen Netzbetrieb.[12]

- **Java**

  Programmiersprache, auch für das WWW, die unabhängig von den sog. Rechner-Plattformen (Rechnertyp und Betriebssystem) ist.

c. Internet-Dienste

Im Internet existieren mehrere 'Dienste' mit unterschiedlichen Eigenschaften. Einige davon sind:

- **WWW / World Wide Web / W3**

  Heute der nutzerfreundlichste, größte und bedeutendste Dienst des Internet.

- **FTP** – File Transfer Protocol

  Das FTP regelt die **Datei-**Übertragung zwischen zwei Rechnern. FTP war mehr als zwei Jahrzehnte einer der meist genutzten Internet-Dienste.

  Im Internet kann man mit FTP-Programmen Dateien direkt von FTP-Rechnern (Servern) kopieren. Bei sog. anonymous FTP-Servern geht dies ohne spezielle Zugriffsberechtigungen.

  Die gängigsten WWW-Browser erlauben den direkten Zugang zu solchen FTP-Adressen (ftp://...), ohne dass der Nutzer die komplizierten FTP-Befehle kennen und eingeben muss.

---

[12] TCP sorgt für die Übertragung.
IP stellt mit Hilfe der IP-Adressen (URL) die Verbindung zwischen den Rechnern her, es ist fürdie Wegewahl der Datenpakete verantwortlich. Siehe auch FN 15.

- **Gopher**

Das WWW hat seinen Vorläufer, den Gopher-Dienst, weitgehend abgelöst. Gopher bietet ein menügesteuertes Werkzeug, mit dem im Internet nach Texten gesucht werden kann.

Auch Gopher-Dienste können über WWW-Browser direkt angesteuert werden mit gopher://...

- **News / Usenet**

Der Internet-Dienst Usenet (Users Network) ist ein weltweites elektronisches 'schwarzes Brett' (Online-Forum). Jeder Internet-Nutzer (User) kann Artikel (News) schreiben, sie im Usenet in einer passenden Themengruppe (Diskussionsforum, Newsgroup) veröffentlichen (posten), so dass alle Usenet-Teilnehmer darauf zugreifen oder den Kontakt abonnieren können. Das Verfahren ähnelt Emails, kennt aber keine einzeln adressierten Empfänger.

Die Newsgruppen entsprechen Themenbereichen und sind hierarchisch mit zunehmender Spezialisierung, aber dezentral geordnet. Die obersten Themenbereiche sind:

alt.	Diverses	rec.	Freizeit (recreation)
biz.	Business Products	sci.	Wissenschaft (science)
comp.	Computer	soc.	Soziales (social)
misc.	Verschiedenes (miscellaneous)	talk.	Diskussionen (alle Themen)
news.	Zu News selbst	humanities.	Kunst, Literatur etc.

Daneben existieren regionale Gruppen wie z.B.:

de. Deutschsprachige

Die Gruppennamen bestehen aus der (absteigenden) Hierarchiefolge mit trennenden Punkten. Eine Übersicht bietet http://groups.google.com

- **Email (E-Mail, Electronic Mail)**

Dieser Internet-Dienst ermöglicht das Verschicken von Post über das gesamte Rechnernetz weltweit und schnell. Der Empfänger muss sie von seinem Mail-Server[13] abrufen.

[13] Meist sog. POP3- oder IMAP-Server Eine Sonderform, ein sog. Proxy-Server dient im Datenverkehr des WWW als Zwischenspeicher, um Datenübertragungen zu reduzieren.

Mit Email können zusätzlich zu Texten auch alle anderen Arten von Dateien verschickt (angehängt) werden (attachment) wie Bilder und Sound.

- **Mailbox, BBS, Bulletin Board System**

  Oft ähnlich wie Newsgroups; auf lokalen Rechnern, die wiederum mit anderen vernetzt sein können.

- **Mailing-Listen**

  Mailing-Listen sind – meist moderierte – Diskussionsforen zu bestimmten, auch wissenschaftlichen Themengebieten, in denen einzelne Beiträge von Teilnehmern per Email an alle Listenteilnehmer verschickt werden. Solche Listen erfordern eine An- und Abmeldung (subscribe).[14]

- **Telnet**

  Telnet ermöglicht den direkten Fernzugriff auf andere Rechner. Es dient zum Einwählen (einloggen) in den anderen Rechner, so dass aus Ihrem Computer ein Terminal des fremden Rechners wird (Remote Access). Sie können diesen fremden Rechner dann so benutzen wie Ihren eigenen. Allerdings benötigen Sie dazu (im Gegensatz zu Gopher und WWW) User-ID, Passwort und Kenntnisse über den Fremdrechner.

  Telnet ist ein wichtiger Zugriffsweg für Datenbanken und Bibliotheksverzeichnisse.

- **Newsfeeder** und **Push-Komponenten**

  Newsfeeder (Nachrichtenfütterer) bieten dem Nutzer einen Auswahlservice für Nachrichten an. Sie können aus dem Angebot eines Newsfeeders (z.B. von Zeitungen, Firmen) einen 'Standard' der Sie interessierenden Nachrichten auswählen. Diese werden für Sie als Paket stets aktualisiert bereitgehalten und auf Anforderung komprimiert auf Ihren PC übertragen (heruntergeladen). Sie können sich dann offline (ohne Verbindung zum Netz und dessen Kosten) über die letzten Neuigkeiten informieren. Sie benötigen dazu das spezifische Dienstprogramm des Newsfeeders, den sog. Client (aus dem Internet).

---

[14] Übersichten finden Sie u.a. bei:
http://emailuniverse.com - internationale, englischsprachige Übersicht;
http://tile.net - für Listen und Usenet Newsgroups.

d. Adressen-System

- **IP-Adresse**

Die IP-Adresse ist die Postleitzahl des Internet. Jeder Rechner im Netz (Host, Server), der feste Funktionen im Netz übernimmt, verfügt über eine weltweit eindeutige, maximal zwölfstellige IP-Adresse, bestehend aus vier durch Punkte voneinander getrennten Zahlenblöcken mit bis zu drei Ziffern (z. B.: 103.223.103.208)[15]. Auch eine direkte Eingabe dieser IP-Adresse ist möglich.

3

Der besseren Lesbarkeit wegen wird jeder dieser IP-Adressen durch das **DNS** (**D**omain-**N**ame-**S**ystem, -Server) auch eine Buchstabenkombination als Name zugeordnet (die IP-Adresse 151.99.197.21 entspricht z.B. www.gip.int).

Die Verwaltung und Umschlüsselung dieser Adressen obliegt den weltweit verteilten Domain-Name-Servern, die eine baumartig verzweigte Struktur bilden und von denen jeder die Adressen seiner Zone (Domain) verwaltet. In der Adresse erscheint zuerst der lokale Rechner (subdomain) und zuletzt die höchste Zuordnungsebene (top level domain).

Eine Besonderheit der Adressenvergabe besteht für die Nutzer, die sich über Internet-Dienste (Provider) wie AOL oder T-Online ins Netz einwählen. Ihnen wird bei jeder Einwahl ins Internet von ihrem Provider eine temporäre IP-Adresse zugeteilt, die ausschließlich für diese 'Sitzung' gilt. Bei jeder neuen Einwahl wird wieder eine andere Adresse vergeben.

- **URL (-Adresse)**

Alle Internet-Adressen (für Dokumente, Sites) haben eine einheitlich strukturierte logische Form, die[16] **URL** (**U**niform **R**esource **L**ocator), wobei jedoch nicht immer alle Komponenten enthalten sein müssen. [17]

Damit erhält jedes Dokument im Internet eine individuelle Adresse mit ihrem Zugriffsmechanismus (http oder ftp) und ihrem Ort im Computernetzwerk. Die URL kann somit bei Quellenangaben zugrunde gelegt werden.

---

[15] Als Ersatz für das heutige IPv4 mit vier Zahlenblöcken ist das IPv6 (Version6) in Planung. Es erlaubt dann 2^{128} statt bisher 2^{32} Adressen.

[16] Meist benutzt im Sinne von 'die Adresse', gelegentlich auch: der URL (der Locator).

[17] Intern zwischen den Rechnern wird die sog. IP-Adresse, eine bis zu 12-stellige Zahl verwendet, die für die Nutzer in die o.g. URL, eine leichter merkbare Buchstabenkombination umgesetzt wird.

Wichtig für die Nutzung sind:

- exakte Schreibweise der Buchstabenfolgen
- exakte Schreibweise der Trennzeichen (**:** // **.** /)

Im Zentrum der URL steht die Rechneradresse (Domain). Im Gegensatz zu Dateipfad-Angaben sind die Domain-Angaben aber von links nach rechts hierarchisch aufsteigend angeordnet und durch Punkte getrennt. Am Ende der Adresse folgen ggf. die Pfad- und Dokument-Angaben für das jeweilige Dokument auf dem verwaltenden Rechner.

Darst. 4: Grundstruktur der URL

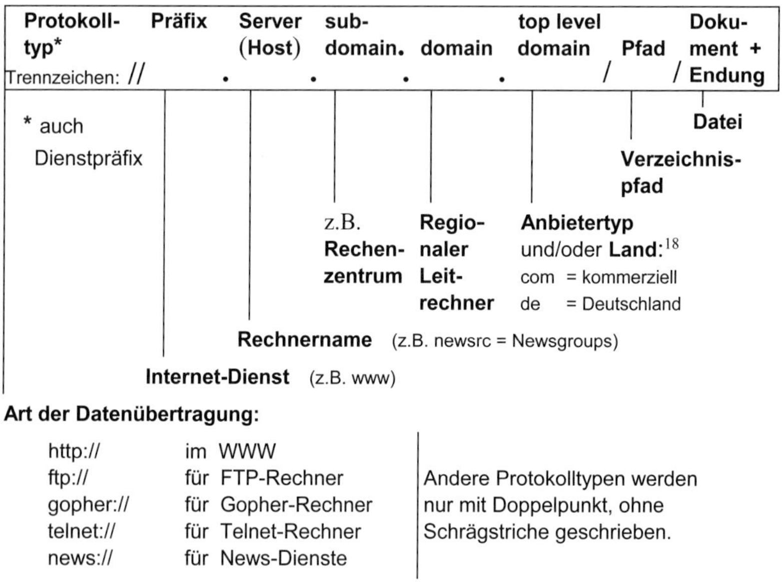

Die heutigen Browser nehmen die Adressen auch verkürzt als www. ... an, sie ergänzen die Adresse automatisch auf http://www. ...

○ Top-Level-Domains

Die Kennzeichen für die Top-Level-Domain bestehen entweder aus einem Code für das Land oder aus einem Code für die Art des Anbieters der Site oder aus einer Kombination von beiden. Näheres finden Sie in den folgenden Abschnitten.

---

[18] Zum Beispiel: www.softbank.co.jp oder www.nec.co.jp.

- **Ausgewählte Ländercodes**

  Sog. 'country code Top-Level-Domains' – ccTLDs:

.at	Österreich	.fr	Frankreich
.au	Australien	.it	Italien
.be	Belgien	.jp	Japan
.ca	Kanada	.ru	Russische Föderation
.cn	China	.se	Schweden
.de	Deutschland	.uk	Großbritannien
.es	Spanien	.us	USA
.eu	Europäische Union	ch, dk, gr, hk, ir, is, nl, pl:	wie Kfz-Kennz.

  Eine gute **Übersicht** zu den verschiedenen Länder-Domains finden Sie unter www.norid.no/domreg.html

  Im Gegensatz zu den nachfolgend beschriebenen 'generic Top-Level-Domains' wie .com haben einige Länderregistraturen strenge Richtlinien für die Vergabe von Landes-Domains. So können in Singapur nur dort registrierte Firmen Domainnamen mit der Endung .com.sg beantragen.

- Sog. **'generic Top-Level-Domains' (gTLDs)**

  Diese Domain-Bezeichnungen beziehen sich nicht auf ein Land, sondern auf die Art des Anbieters der Internet-Seite. Sie können allerdings in Kombination mit einem Ländercode auftreten.

.aero	Lufttransportindustrie	.edu	Bildungseinrichtungen	USA
.biz	Unternehmen (business)	.gov	Staatl. Institutionen	USA
.com	Kommerzielle Organisationen	.go	- " -	USA
.co	- " -	.mil	Militär	USA
.coop	Genossenschaftliche Org.	.kids.us	Kinder (geschützt)	USA
.info	Allgemeine Verwendung	NEUE:		
.int	Internationale Organisationen	.arts	Kultur und Unterhaltung	
.museum	Museen	.firm	Unternehmen	
.name	Privatpersonen	.info	Informationsdienste	
.net	Netzwerkadministration	.nom	Individuelle Namen	
.org	Andere Organisationen	.rec	Erholung, Unterhaltung	
.pro	Anwälte, Ärzte, Steuerberater (Professionals)	.shop	Handelsunternehmen	
		.web	Internet-Aktivitäten	
		.eu	Europ. Union	

Neben diesen gängigsten Kürzeln findet man eine Fülle von länderspezifischen **Besonderheiten**. Die Kürzel werden wiederum teilweise weiter reduziert. So findet man auch .go statt .gov. und .co statt .com.

3

Die Vergabe dieser Endungen erfolgt jedoch weitgehend **unkontrolliert**, so dass Sie sich nicht darauf verlassen können, dass sich bspw. hinter .com oder .gov auch wirklich eine kommerzielle oder eine staatliche Einrichtung verbirgt.

- **Mischformen**

  Außerdem gibt es noch die bereits o.g. Mischformen wie bspw. .gov.za und .co.za. (.za steht für Südafrika).

- **Private Adressen**

  Die Tilde (~) vor der Pfadangabe ist nicht mehr unbedingt das Erkennungszeichen von **privaten Homepages**. So war www.snafu.de/~bstu bspw. die Adresse des Bundesbeauftragten für die Stasi-Unterlagen.

- **Email-Adressen**

  Email-Adressen haben folgenden grundsätzlichen Aufbau:
  benutzer@rechneradresse – d.h. user@host.domain[19]

e. Struktur der Texte im WWW

Die Seiten, Texte und Grafiken im WWW sind so strukturiert, dass eine bestimmte markierte oder hervorgehobene Stelle (Knopf, Schaltfläche, Link, Hyperlink) als 'Verweis' durch Mausklick aktiviert werden kann, wodurch direkt eine neue Aktivität (Wechsel zu anderer Stelle im Dokument, anderem Dokument, anderem Rechner etc.) ausgelöst wird (Verknüpfung).

Diese **Verknüpfungen** erlauben es, per Mausklick jederzeit direkt eine andere Stelle im WWW aufzurufen.

- Hypertext heißt diese Verknüpfung von Texten.
- Hypermedia wird eine solche Verknüpfung von mehreren Medien wie Texten, Bildern[20], Tönen und Videos genannt.

Eine **Site** ist ein komplettes Internetangebot (Dokument) mit

- eigener Internet-**Adresse**
- **Homepage** (1. Seite, Titel-, Übersichts-, Startseite des Dokuments)
- ggf. **Folgeseiten** (über Links von der Homepage aufrufbar).

[19] @: engl. at oder auch 'Klammeraffe'.

[20] Image Map ist z.B. eine Grafik, bei der der Browser nach dem Anklicken zu einer anderen Adresse wechselt bzw. verzweigt.

3.3 Das Internet als Quelle

Was muss ich über das Internet als wissenschaftliche Quelle wissen?

a. Besonderheiten

Sollen Daten aus dem Internet als Quelle für wissenschaftliche Arbeiten herangezogen werden, sind einige Abweichungen und Ergänzungen zur gedruckten Literatur zu beachten, die sich aus den bereits dargestellten Besonderheiten des Internet ergeben.

- **Flüchtigkeit des Mediums**

Ein Eintrag im Internet kann jederzeit inhaltlich geändert, an eine andere Stelle verschoben, gelöscht oder bei ungeschützten Dateien sogar unbefugt verändert werden. Das erschwert einerseits ein Nachschlagen und Nachprüfen und macht es u.U. sogar völlig unmöglich. Andererseits lassen sich Internetquellen aber auch häufig schnell und einfach per Email und Suchmaschine überprüfen.

- **Qualität**

Die Informationen im Internet sind ebenso wie gedruckte Informationen in Büchern, Zeitschriften u.a. immer mit äußerster Behutsamkeit und gesundem und fachlichem Misstrauen zu behandeln. Letztendlich steht nur der jeweilige Autor für den ersten Anschein von Vertrauenswürdigkeit.

Auch wenn bei den Druckmedien die Verlage und Redaktionen eine selektierende und qualitätssichernde Funktion ausüben, können auch sie keine Gewähr für Richtigkeit im Einzelfall bieten.

Im Internet dürfte allerdings der Anteil unseriöser Informationen gegenüber Druckmedien höher liegen, da der Aufwand für eine Veröffentlichung wesentlich niedriger ist und für jedermann ein freier Zugang besteht, irgendwelche Informationen anzubieten.

Das erfordert letztendlich eine erhöhte Wachsamkeit und ggf. zusätzliche (Plausibilitäts-)Prüfung und Absicherung bei Internet-Quellen, die in ihrer Qualität und Seriosität unbekannt sind.

Aber auch die qualifizierten Angebote nehmen zu. Zunehmend werden Dissertationen zur Veröffentlichung auf einem WWW-Server abgelegt. Auch renommierte Magazine, Journale, Nachrichtendienste sowie öffentliche Institutionen bieten zunehmend Informationen im Internet an. Mit der Vergabe internationaler Standard-Seriennummern (ISSN) auch für Online-Magazine wird die wachsende Bedeutung des Internets anerkannt.

- **Qualitätsprüfung**

Eine renommierte Adresse deutet auch im Internet auf Qualität.
Bei renommierten nationalen und internationalen Organisationen, bekannten Unternehmen, Verlagen und Fachzeitschriften kann angenommen werden, dass die auf der Website bereitgestellten Texte einer gewissen Qualitätskontrolle unterliegen. Beispielsweise stellen viele Organisationen und Firmen insbesondere aktuelle Daten regelmäßig in das Internet. Hier ist in Minuten zu beschaffen, was auf herkömmlichem Wege nur schwer möglich ist.

Vorsicht aber bei unbekannten und privaten Homepages. Im Internet kann theoretisch jeder als Anbieter von Inhalten auftreten. Insbesondere bei privaten Homepages steht aber keine Organisation für eine gewisse Qualität der Inhalte.

① Erforderlich ist daher im ersten Schritt eine **sorgfältige Analyse aller Bestandteile des Domain-Namens**. Dabei können Sie oft wertvolle Anhaltspunkte für die Bewertung einer Internetquelle gewinnen. Die beiden folgenden Beispiele sollen Sie für die Problematik sensibilisieren:

Bsp.: www.ncis.co.uk
Die Endung .uk ist die ccTLD für das Vereinigte Königreich; .co ist die Kurzform für com. Hierbei handelt es sich aber ***nicht*** *um eine kommerzielle Website, sondern um den Internetauftritt einer britischen Polizeibehörde (National Criminal Intelligence Service).*

Bsp.: www.cambridge.edu
Diese Adresse ist ***nicht*** *die Universität Cambridge in Großbritannien, sondern das Cambridge College in den Vereinigten Staaten. Die britische Universität Cambridge finden Sie unter www.cam.ac.uk. Dabei steht .uk für Großbritannien und .ac für eine akademische Institution.*

② **Einsicht in das 'Internet-Handelsregister'**
Auch im Internet gibt es Gremien wie DENIC, bei denen Sie die Inhaber der Domains nachgewiesen bekommen. Bei wichtigen Dokumenten empfiehlt es sich, dort die Internet-Adresse per WHOIS-Abfrage zu überprüfen.

Folgende URLs sind für eine solche Feststellung der Eigentümer von Domains hilfreich:

www.denic.de	bei URLs in Deutschland
www.ripe.net	Europa, mittlerer Osten, Teile Asiens (ehem. UdSSR) und nördl. Hälfte Afrika
www.norid.no/domreg.html	für länderspezifische URLs. Von dieser Seite zum jeweiligen Land springen.

Bsp.: Unter www.bnd.de *fanden Sie bis 2000 nicht den Bundesnachrichtendienst, sondern die Firma 'Berliner Netzdienste'.*
Die Domain www.verteidigungsministerium.de *gehörte einer Privatperson aus Lehrte.*

③ Im dritten Schritt empfiehlt es sich, **nach dem Verfasser zu suchen** und parallel unter dem Namen des Verfassers in den Suchmaschinen zu recherchieren. Befindet sich auf der Homepage eine Email-Anschrift des Verfassers, so gibt sie u.U. eine erste Auskunft über den Verfasser (Beispiel: name@worldbank.org). Auch sollte man sich nicht vor einer direkten Anfrage scheuen. Selbst internationale Experten wie Nicholas Negroponte, der Direktor des Media Lab am MIT, beantworten (seriöse !!) Anfragen von Studenten.

Fallbeispiel 1:

Die Suche nach *Hong Kong + Telecommunication* brachte u.a. die URL: www.hk.super.net/~toratora/cellular.html

In dieser Datei sind keine Angaben zum Verfasser vorhanden. Ebenso fehlt eine Email-Adresse für Rückfragen.

Zur Überprüfung gehen wir in der URL um einen Schritt zurück: www.hk.super.net/~toratora und erhalten folgende Seite:

> Welcome To The Home Page of Tony Li
> Sorry! This site is under heavy construction.
> Click hyper-link to view documents:
> Pharmaceutical Market in China – Update
> Hong Kong – Telecommunication (Cellular) Market

Auch hier fehlen Angaben zur Person und die Email-Anschrift des Verfassers.

Wir gehen in der URL um einen weiteren Schritt zurück (www.hk.super.net) und erkennen, dass sich dahinter ein Internet-Service-Provider aus Hongkong verbirgt. Bei den überprüften Seiten scheint es sich um eine private Homepage zu handeln. Eine Suche mit Suchmaschinen ergibt auch keine weiteren Angaben zum Verfasser.

Wir beschließen daher, die Quelle NICHT zu verwenden.

Fallbeispiel 2:
Die Quelle www.ispo.cec.be/ispo/lists/ispo/00059.html soll geprüft werden:

Information Society in Canada
Victor Prochnik
Tue, 04 Feb 1997 17:47:33 -0800
Messages sorted by: [date][thread][subject][author]
Next message: Rachwald, Robert Richard: "Internet use in Brazil"
Previous message: Michael Truppe, MD: "Digital Sites: Free Telemedicine Software Offer"

I will be in Canada from February 18 to 23 and I would very much appreciate getting in touch with institutions active in fields related to the transition to a Society. [...]

2 Science and Technology information services: networks, institutions, initiatives, perspectives.

Thanks

Victor Prochnik
Institute of Economics
Federal University of Rio de Janeiro

Bewertung der Quelle:

... /lists/... deutet bereits auf das Archiv einer Mailing-Liste. Eine Überprüfung von www.ispo.cec.be bestätigt diese Annahme. Zwar ist diese Adresse die Website des Information Society Project Office der Europäischen Union, aber das Office übernimmt keine Verantwortung für die Beiträge der Mailing-Liste.

Im zweiten Schritt suchen wir mit einer Suchmaschine nach dem Verfasser des Beitrags. Unter anderem erhalten wir das (verfremdete) Ergebnis:
www.undp.org/tcdc/backup/bra1138.html:

Brazil
Industrial Economics Institute

Contact:	Victor Prochnik
Title:	Researcher
Address:	P.O. Box 56.08 - Ag. Urca
City/State:	Rio de Janeiro - RJ
Country:	Brazil

Phone of Organization: (021)512.483 - Cable: 22.22-970 - Fax: (021)52.4783, [...]

Diese Quelle befindet sich auf der Website des Entwicklungsprogramms der Vereinten Nationen (United Nations Development Programme). Hier kann eine gewisse Qualitätskontrolle vermutet werden, auch finden sich Angaben des Verfassers bestätigt.

Wir beschließen die Quelle zu verwenden.

- **Sicherheit**

Daten, die von ihrem 'Stammrechner' zum Benutzer geschickt oder geholt werden, benutzen dabei oft mehrere dem Nutzer unbekannte Rechner als Zwischenstationen. Missbräuchliche Eingriffe sind auf diesem Wege zwar möglich, werden aber durch Schutzprogramme (Verschlüsselung) weitgehend verhindert.

b. Nutzungsmöglichkeiten

3

Grundsätzlich kann und sollte das Internet im Rahmen der Erstellung wissenschaftlicher Arbeiten bei folgenden Arbeitsschritten, **aber nur ergänzend zu gedruckten Medien** genutzt werden:

- Quellenübersichten	Suche und Auswertung von Quellenzusammenstellungen wie Bibliotheken
- Quellensuche	Recherchieren ('navigieren') von Quellen
- Informationsaustausch	Informationsgewinnung durch Korrespondenz per Email, dem 'Brief-Dienst' des Internet.
- aktuelle Daten	

Zitieren sollten Sie Internet-Quellen nur, wenn gedruckte Quellen zu dieser Aussage oder Information nicht zur Verfügung stehen und Sie eine Qualitätsprüfung durchgeführt haben (s. S. 31 f.).

c. Suchwerkzeuge im Internet – digitale 'Trüffelschweine'

Das Internet erlaubt und erfordert aufgrund seiner offenen Struktur spezielle Suchformen und Suchwerkzeuge. Dabei können mehrere Typen von Suchwerkzeugen unterschieden werden:

- Suchmaschinen im WWW,
  Crawler/Spider/Scooter – Kataloge/Verzeichnisse
- Meta-Suchmaschinen/Multisucher (Bündelung von Suchmaschinen)
- Spezial-Suchmaschinen (für Themengebiete)
- Suchhilfen für Dateien auf FTP-Servern

- **Suchmaschinen im WWW**

  Die **reinen Suchmaschinen** werden von Robot-Programmen gefüttert, die durch das Netz 'kriechen' (crawl), die Dokumente lesen und die Internet-Adressen zu bestimmten Begriffen in großen Datenbanken speichern, die alle Web-Angebote zu den Suchbegriffen auflisten.

Anfragen nach einem bestimmten Suchbegriff (Wort) werden mit der Ausgabe aller Adressen (URLs) beantwortet, die zu diesem Suchbegriff gespeichert sind.

Die **Qualität der Suchergebnisse** ist oft zweifelhaft, sie sind z.T. höchst unstrukturiert und können viele unwichtige Verweise enthalten. Sie sind aber sortiert nach einer Prozentzahl, die die Treffsicherheit bzw. Relevanz der ausgeworfenen Adressen abschätzen soll.

Bei entsprechendem Einsatz der **Suchsyntax**, z.B. durch regionale Begrenzung und durch Verbinden oder Ausschließen von Begriffen durch sog. Boolsche Operatoren wie 'und', 'oder', 'nicht', arbeiten die digitalen 'Trüffelschweinchen' treffsicherer. **Hinweise** zur speziellen Suchsyntax sollten Sie auf der Homepage der jeweiligen Suchmaschine unbedingt lesen.

Von diesen Suchmaschinen unterscheiden sich **Webkataloge** wie Yahoo und Web.de. Hier werden keine Datenbanken von Robot-Programmen gefüttert. Hinter den Webindices verbirgt sich menschliche Redaktionsarbeit. URLs werden beim Index bearbeitet, von den Redakteuren überprüft und in einem hierarchisch sortierten Verzeichnis aufgenommen, was meist lange Zeit in Anspruch nimmt und den Umfang der gespeicherten Seiten sowie deren Aktualität begrenzt.

Meta-Suchmaschinen haben keinen eigenen Datenbestand, sie schalten zur Suche mehrere andere Suchmaschinen ein.

Da die Suchmaschinen unterschiedlich und in ihrer Auswahl nicht nachvollziehbar arbeiten und nur geringe, aber unterschiedliche Teile des Internet abdecken, empfiehlt sich der Einsatz mehrerer Systeme bzw. der Meta-Sucher.

- **Auswahl von Suchmaschinen**

  Eine Auswahl aktueller und häufig genutzter Suchmaschinen finden Sie auf der Startseite Ihres Internet-Providers.

  Weitere Übersichten bietet die Suche nach 'suchmaschinen portal' in einer Suchmaschine.

  Detaillierte Informationen liefert: www.searchenginewatch.com, eine zentrale Informationsquelle über Suchmaschinen.

- Hinweise zur **Suchstrategie**
  - Beschränken Sie sich auf Hauptwörter und definieren Sie treffende Suchbegriffe. Hauptwörter mit trennender Leerstelle eingeben. Zusammengehörende Begriffe in Anführungszeichen zusammenfassen.

- Vermeiden Sie mehrdeutige Wörter wie 'Bund' und sehr umfassende Begriffe wie 'Computer'.
- Bei zu vielen Suchergebnissen grenzen Sie die Suche durch zusätzliche Begriffe weiter ein. Benutzen Sie dabei die Boolschen Operatoren wie 'und', 'oder', etc. in der speziellen Form und **Suchsyntax** der jeweiligen Suchmaschine. Genaueres finden Sie auf der Homepage jeder Suchmaschine.
- Erweitern Sie die Suche mit passenden Synonymen.

d. Wichtige Quellen

- **Einstiegsseiten**
  - **Internet-Dienste großer Buchhandlungen** bieten Online-Recherchen, Links zu Katalogen und Buchbestellungen.
  - Zum **effektiven Suchen** nach (besonders wirtschaftswissenschaftlichen) Informationen kann die ausführliche Seite der Uni Würzburg mit einer Link-Sammlung für Ökonomen empfohlen werden. www.wifak.uni-wuerzburg.de
  - Einen Einstieg für **juristische** Informationen finden Sie unter dem juristischen Internetprojekt der Uni Saarbrücken: www.jura.uni-sb.de

- **Meta-Links zu Bibliotheken**
  - Eine gute **Einstiegsseite** für die Suche nach Bibliotheken in Deutschland, Österreich und weltweit bietet die Uni Wien mit guten Links: http://ub.univie.ac.at
  - **Deutsche Bibliotheken**
    mit Links zu allen Deutschen Bibliotheken Online und den regionalen Bibliotheksverbünden: www.hbz-nrw.de
  - Der deutsche **Bibliotheksverband** liefert Ihnen die Mitgliedsbibliotheken und deren Adressen und Links unter 'Mitglieder': www.bibliotheksverband.de
  - **Sammelschwerpunkte an deutschen Bibliotheken (webis)** http://webis.sub.uni-hamburg.de

- **Gemeinsamer Bibliotheksverbund Norddeutschland (GBV)** mit weiteren Links, Fernleihe und Lieferdienst. www.gbv.de/du/
- **Europäische Bibliotheken**

  Karlsruher Virtueller Katalog (KVK): www.ubka.uni-karlsruhe.de/kvk.html

  mit Links zu europäischen Nationalbibliotheken und Verbundkatalogen, Bibliotheks- und Informationsverbünden (auch CDN und AUS), Zeitschriftendatenbank, VLB, KNV, Buchhandel.
- **Suchmaschinen für Bibliotheken international**
  - **Libweb** http://sunsite3.berkeley.edu/Libweb
  - **Libdex** www.libdex.com
  - **Hytelnet** www.lights.com/hytelnet
  - **dmoz** http://dmoz.org (USA und EU)

- **Wichtige Kataloge** (Auswahl)
  - **VLB** (**V**erzeichnis **l**ieferbarer **B**ücher: enthält aber nur bezahlte Einträge und **nicht** alle lieferbaren Bücher!) kostenlos über www.buchhandel.de
  - **Kataloge der Großhändler (Barsortimenter)**

    LIBRI, Georg Lingenbrink www.libri.de

    KNV, Koch, Neff & Volckmar www.buchkatalog.de
  - **Lieferbare Bücher** (jeweils gelistete) und weitere Links finden Sie auch bei den **großen Buchhandlungen** wie www.thalia.de, www.schweitzer-online.de und den Internet-Buchhandlungen.
  - **OPAC** (**O**nline **P**ublic **A**ccess **C**atalog), frei zugängliche deutsche und internationale Bibliothekskataloge. Sie sind zu erreichen über Ihre Bibliothek.
  - **Library of Congress** (äußerst umfangreich) http://lcweb.loc.gov
  - **Encyclopaedia Britannica** www.eb.com
- **Marktforschung**sinformationen www.bvdw.org
- **Statistisches Bundesamt** www.destatis.de
- **SUBITO** ist der Lieferdienst der deutschen Bibliotheken für Bücher und Aufsätze. Auf Antrag erhalten Sie Passwort und Zugangskennung. Die Kosten sind für die Angehörigen von Bildungseinrichtungen vergleichsweise moderat. www.subito-doc.de

3.4 Software zur Literaturverwaltung und automatischen Bibliographie-Erstellung

Wissenschaftliches Arbeiten erfordert die Technik des Zitierens, die Ihnen im Kap. 7 vorgestellt wird. Bei umfangreichen Arbeiten ist zudem die effiziente Verwaltung der Literatur unerlässlich, um schnell und gezielt auf die gelesene Literatur zurückgreifen und das Literaturverzeichnis erstellen zu können (siehe Kap 6.9). Dabei kann Ihnen spezielle Software viel Arbeit und Zeit ersparen.[21]

a. Funktionen von Literaturverwaltungs-Programmen

Grundlage der Programme ist eine Datenbank, in der alle Quellen mit standardisierten bibliographischen Angaben (Referenzen) und Zusatzinformationen gespeichert werden.

Aus dieser Datenbank heraus ergeben sich die wesentlichen Auswertungs-Funktionen zur Unterstützung wissenschaftlicher Arbeiten:

- Erstellung von Quellenverweisen im Text nach Mustern
- Erstellung des Literaturverzeichnisses nach Mustern
- Erstellung von Literaturlisten nach diversen Kriterien (z.B. ‚noch lesen')
- Speichern von Literaturauszügen, Zusammenfassungen, Schlagworten und von eigenen Bemerkungen (Exzerpte) mit der genauen Fundstelle
- Suche nach bestimmten Inhalten und nach Schlagworten
- Export aus der Literaturverwaltung in gängige Textverarbeitungen

Bei der Auswahl eines Programms (vor Beginn Ihrer Arbeit!) sollten neben diesen Funktionen noch folgende Kriterien geprüft werden:

- Systemvoraussetzungen, einfache Benutzung, Sprache
- Fein strukturierte Eingabemaske mit genügend Kategorien
- Importfilter, auch für Kataloge und Datenbanken

Deutschsprachige Programme sind "Bibliographix", "Citavi" und "Visual Composer.NET" (in der Reihenfolge ihrer Bewertung)[22].
Von EndNote und Reference Manager, den Markführern unter diesen Programmen, werden anschließend exemplarisch Grundfunktionen vorgestellt.[23]

---

[21] Die Ausführungen zu diesem Kapitel basieren auf Angaben von Herrn Mathias Krummheuer, Adept Scientific GmbH **sowie** dem Testbericht *Wiegand,* Bibliografie, 2006.

[22] Vgl. Wiegand, D., Bibliografie, 2006, S. 160-165.

[23] Demoversionen beider Programme können unter www.adeptscience.de bzw. www.endnote.de herunterladen werden. Beide Programme gibt es für Windows, EndNote auch für Apple Mac OS.

b. Funktionsübersicht am Beispiel EndNote

Die Benutzeroberfläche von EndNote

Die Hauptansicht (s. Darst. 5) zeigt die Referenzliste und eine Vorschau auf das spätere Zitat. Hinter jeder Zeile verbirgt sich eine Referenz, die durch Doppelklick zur Vollansicht erweitert werden kann. In dieser Ansicht können Eingaben, Hinzufügungen oder Modifizierungen erfolgen.[24]

Datenbank

Sie können Ihre bibliographischen Angaben in der Datenbank sammeln und mit Zusatzinformationen zu jeder Referenz wie bspw. Schlagworten, Zusammenfassungen, Bewertungen sowie Verknüpfungen zu Internetseiten und Dateien ergänzen. Dadurch ist später ein schnelles Finden der Quellen und aller relevanten Informationen sichergestellt.

Quellenangaben im Text

Während des Schreibens ermöglicht die Integration von EndNote in Microsoft Word in Form einer Toolbar den direkten Zugriff auf die Datenbank (*Cite-While-You-Write*).

Über ein Lupensymbol (*find citation*) können Referenzen direkt in der Datenbank gesucht und in den Text eingefügt werden.

Dabei wird sowohl das Zitat im Text als auch die dazugehörige Bibliographie in Abhängigkeit von der ausgewählten Zitierrichtlinie sofort erstellt.

Ergänzungen zu einer Quellenangabe wie bspw. „Vgl." oder die Angabe von Seitenzahlen sind über die Funktion *Edit Citation* möglich, ebenso wie ein späteres Modifizieren oder Einfügen von Zitaten.

Bibliographie

Wenn Sie eine Referenz aus der Datenbank in Ihr Word-Dokument einfügen, erstellt EndNote unter Beachtung der Zitierrichtlinien (dem sog. Outputstyle) automatisch zu der Quellenangabe im Text auch den Eintrag im Literaturverzeichnis. Es entfällt der mühsame Abgleich zwischen beiden.

Zitierstile (Outputstyles)

Zitierrichtlinien werden automatisch und korrekt nach dem eingestellten Muster (Style) umgesetzt. Dazu stehen über 2.300 *Outputstyles* zur Auswahl.

---

[24] EndNote ist für einzelne Wissenschaftler, Studierende bzw. kleine Arbeitsgruppen konzipiert, Reference Manager mit umfassenderen Bearbeitungsmöglichkeiten der Datenbank und der Möglichkeit gemeinsamen Editierens eher für Institute und Unternehmen.

Diese Outputstyles (meist für amerikanische Zeitschriften) können nach eigenen Anforderungen noch modifiziert und neue einfach erstellt werden. Auch die bereits automatisch erstellten Quellenangaben und Einträge im Literaturverzeichnis können jederzeit beliebig verändert werden.[25]

Literaturlisten

Je nach *Outputstyle* erstellt EndNote auch alphabetisch sortierte oder nummerierte Literaturlisten in nahezu beliebiger Form und verschiedenen Exportformaten.

Eine Besonderheit stellen thematisch sortierte Literaturlisten – so genannte *subject bibliographies* dar. Das sind Literaturlisten aus Suchergebnissen, die nach bestimmten Kriterien gefiltert wurden und somit einen schnellen Überblick über bspw. alle gespeicherten Referenzen eines Autors, den Inhalt eines Ordners oder zu einem bestimmten Stichwort geben.[26]

Suche und Auswahl von Referenzen

Durch die Suche über spezifische Felder (bspw. Jahr, Autor, Schlagwort, Zusammenfassung) werden gesuchte Referenzen und Querverbindungen schnell gefunden. Mittels der Operatoren AND, OR und NOT lassen sich komplexe Suchen konstruieren. Diese Suchanfragen können abgespeichert und zu einem späteren Zeitpunkt erneut abgerufen werden.

Input: Einpflegen von Referenzen

Zunächst müssen die bibliographischen Angaben in die Datenbank eingegeben werden. Dazu gibt es drei Möglichkeiten:

- Eingabe per Hand
- direkter Import aus webbasierten Datenbanken
- direkte Suche in Datenbanken und Bibliothekskatalogen mit EndNote
- Import aus Textdateien

Direkter Export aus webbasierten online Datenbanken

Viele Datenbankanbieter – u.a. Google Scholar, Web of Science, Oxford Press Journals – ermöglichen einen direkten Export von Referenzdaten zu EndNote.[27] In diesem Fall reicht ein Klick auf den Exportlink, um die Referenzen in die eigene Datenbank zu übernehmen.

---

[25] Neue und aktualisierte Outputstyles: www.endnote.com/support/enstyles.asp.

[26] Diese Listen können auch in den Formaten HTML, RTF und TXT exportiert werden.

[27] Eine aktuelle Liste finden Sie unter www.endnote.com/ endnoteexport.asp.

Literatursuche in online Datenbanken über EndNote

Möglich ist die direkte Recherche in über 800 vorkonfigurierten wissenschaftlichen Datenbanken bzw. Bibliothekskatalogen. Anbindungen zu weiteren dialogfähigen Datenbanken können zusätzlich erstellt werden.[28]

Der Suchdialog beim Zugriff auf online Datenbanken entspricht der Suche in der eigenen Datenbank. Die Suchergebnisse werden in einem Fenster angezeigt und können selektiv in die eigene Datenbank übernommen werden.

Import aus strukturierten Textdateien

Weiterhin können Daten aus strukturierten Textdateien importiert werden. Über 500 Importfilter ermöglichen die Übernahme von Suchergebnissen verschiedenster Datenbankanbieter oder die Übernahme bereits vorhandener Daten (z.B. aus Excel).[29] Bei Bedarf können eigene Importfilter erstellt werden.

Darst. 5: Benutzeroberfläche von EndNote

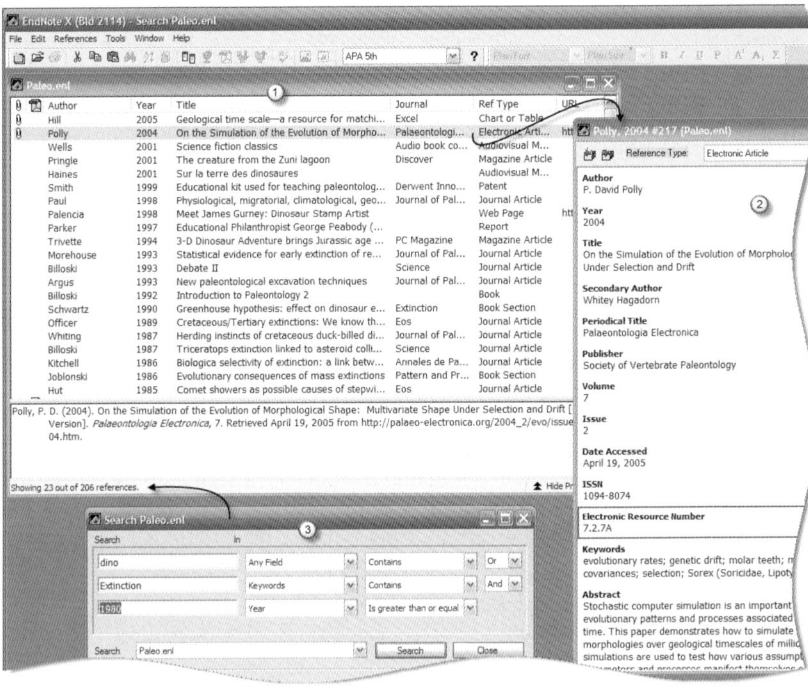

[28] Einige kostenpflichtige Datenbanken verlangen eine Authentifizierung mit Passwort. Aktuelle Verbindungsprofile zu Datenbanken: www.endnote.com/support/enconnections.asp.

[29] Aktuelle Importfilter: www.endnote.com/support/enfilters.asp.

4. Erarbeitung des Themas

Wie gehe ich bei der Themen- und Literatursuche und der Zeit- und Ablaufplanung meiner Arbeit vor?

Jede Themenerarbeitung, Literaturrecherche, Erhebung oder Untersuchung, deren jeweilige Auswahl, Auswertung und Niederschrift stellt in der Gesamtheit einen wissenschaftlichen Arbeitsprozess dar. Dafür benötigen Sie die Fähigkeit, sowohl den Prozess als auch seine Inhalte und seine zeitlichen Restriktionen zu beherrschen.

4.1 Themensuche, Eingrenzung und Planung

Wie grenze ich ein Thema ein, damit ich es auch gut bearbeiten kann?

Das Thema bzw. die Themenstellung ist zentraler Angelpunkt jeder wissenschaftlichen Arbeit. Ein Thema muss so bearbeitet werden, wie es formuliert ist. Dabei sind zwar gewisse Interpretationen und Eingrenzungen möglich, aber nur in engen und in der Arbeit zu begründenden Grenzen.

Deshalb ist bei **selbst gewählten Themen** äußerste Sorgfalt auf die Auswahl, Eingrenzung und die Formulierung zu verwenden.

Bei **vorgegebenen Themen** ist dementsprechend sorgfältig zu analysieren, welche Frage zu untersuchen und zu beantworten ist.

a. Neun Schritte zum Thema

Die folgenden **neun Schritte** sollen Ihnen bei dieser Aufgabe helfen.

① **Auswahl eines Themenbereichs**

Bei selbst gewählten Themen suchen Sie einen **Themenbereich**, der Sie interessiert und der Ihnen genügend Möglichkeiten zu der erwarteten kreativen Behandlung des Themas mit inhaltlicher Tiefe erlaubt. Nur eine Beschreibung oder Umformulierung vorhandener Informationen reicht für eine wissenschaftliche Arbeit nicht aus.

- Suchen Sie durch Überlegen, Ideensammeln/Brainstorming und Studium aktueller Fachliteratur einen **Themenbereich**, der Sie interessiert.
- Lesen Sie zu Ihrem Themenbereich die **aktuelle Fachliteratur**.
- **Sammeln** Sie die wichtigsten **Gedanken** zum **gesamten** Thema (in Form von Stichworten bzw. wie bei einem **Brainstorming**).

② Eingrenzung eines bearbeitbaren Themenfeldes

Nachdem Sie sich grob kundig gemacht haben, versuchen Sie abzuschätzen, ob Ihr Themenbereich durch Sie **bearbeitbar ist.**

> **Selbstgewählte Themenvorschläge** sind meistens zunächst **zu weit** gefasst, d.h. sie sind in der vorgesehenen Zeit und dem vorgesehenen Seitenumfang **nicht zu bearbeiten**.

- Machen Sie sich in der Literatur und wenn möglich in der Praxis über diesen Themenbereich vertiefend kundig.
- **Ergänzen und vertiefen** Sie die wichtigsten **Gedanken** zum Thema aus Schritt ①.
- Erst dadurch werden Sie in die Lage versetzt, den Themenbereich auf ein bearbeitbares **Themenfeld** (unter den Aspekten Zeit und Seitenumfang) einzugrenzen.

Zur Herausarbeitung von bearbeitbaren Teil- bzw. Unterthemen bietet sich der Einsatz der visualisierenden Methoden **Clustering** und **Mindmap** (Gedankenkarte) an. Während beim Clustering zunächst ganz spontan alle Ideen und Assoziationen zu einem Thema in ein Bild eingetragen werden, erfolgt danach beim Mindmapping eine systematische Ordnung dieser Einträge. Insbesondere Clustering aktiviert Ihre eher spielerisch, bildhaft, assoziativ und analog arbeitende rechte Gehirnhälfte parallel zur eher rational und analytisch arbeitenden linken Hälfte und fördert Assoziationen.

(a) Der erste Schritt führt zu einer **Grobübersicht des Themenbereichs**. Ein Beispiel dafür finden Sie anschließend in Darst. 6.

- Schreiben Sie das Thema bzw. den zentralen Begriff Ihrer (vorgesehenen) Arbeit in die Mitte eines großen Blattes.
- Notieren Sie dann alle Ideen, Stichworte, Assoziationen, Fragen usw., die Ihnen spontan einfallen, in Stichworten um das Thema herum. Verbinden Sie dabei Unterthemen mit ihrem jeweiligen gedanklichen Ausgangsthema, sodass ein strahlenförmiges Bild mit Bündeln (**Cluster**) wie ein Baum entsteht.

  Vermeiden Sie dabei jede Beurteilung auf Brauchbarkeit, damit der spontane, assoziative, kreative Prozess nicht unterbrochen wird.
- Danach **ordnen** Sie Ihre spontanen Einfälle durch **Bildung von Kategorien**: Verbinden Sie die Notizen zu Themengruppen und Unterthemen, die sich jeweils durch gemeinsame Merkmale (Kriterien) unter einem Oberbegriff auszeichnen wie die Ellipsen und Quadrate im Beispiel. Mit einer so entstehenden **Mindmap** üben Sie schon die Technik des später notwendigen Gliederns.

- Zusammenhänge zwischen den Themengruppen können Sie wiederum durch Linien verdeutlichen. Solche Verbindungen zeigen Ihnen u.U. neue Betrachtungsebenen.

Sie erhalten so eine transparentere Übersicht Ihres Themenbereichs durch eine 'graphische Gliederung' mit Anregungen für Ihre spätere Gliederung.

Darst. 6: Mindmap – Grobübersicht Themenstellung „Makrostandortanalyse“

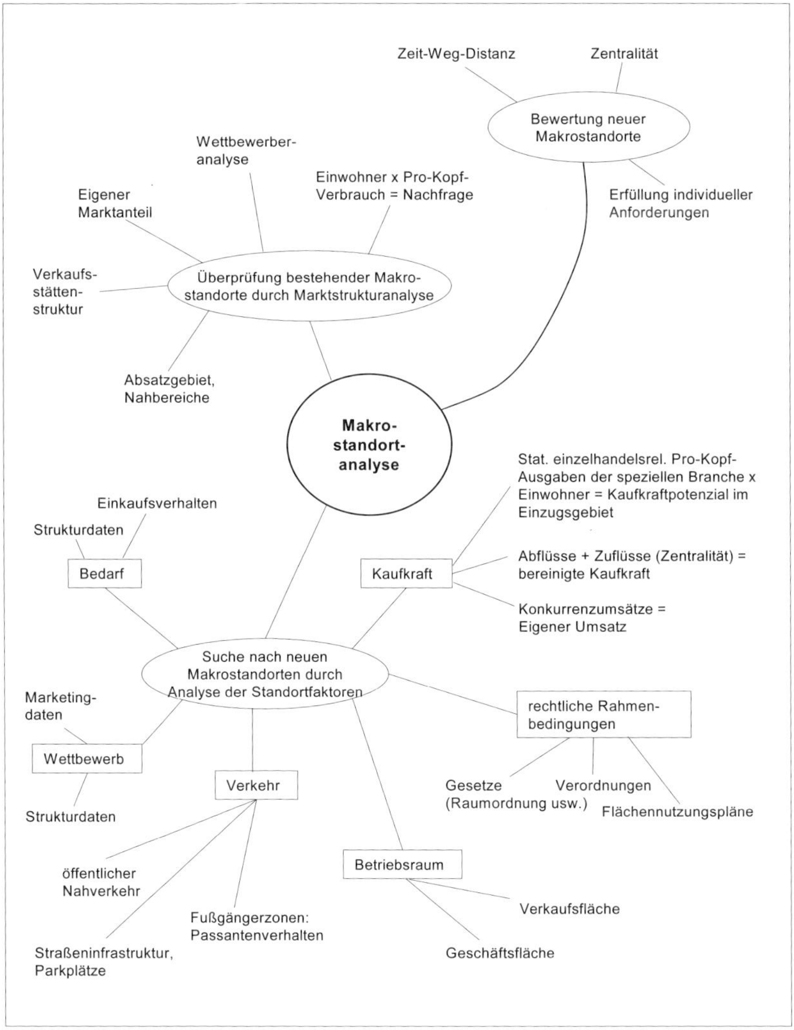

4

(b) Anschließend gehen Sie bei der **Analyse der Themenstellung** wie folgt vor, um das Thema bzw. Ihre Fragestellung schrittweise **einzugrenzen** und **in die Hauptbestandteile zu zerlegen**:

Suchen und markieren Sie zu Ihrem Thema / Fragestellung die wichtigsten Unterthemen, Probleme, Fragestellungen oder Aspekte; bspw. Themengruppen der 1. Ebene (Ellipsen) ihres Mindmap.

(c) Suchen Sie das für Sie interessanteste und voraussichtlich am besten zu bearbeitende **Unterthema** aus.

Im folgenden Beispiel der Darst. 7 *wurde aus dem Thema „Zeitgemäße Personalführung" nach der oben beschriebenen Methode das Unterthema „Kooperative Führung" aus der ersten Ebene herausgefiltert.*

Darst. 7: Mindmap – Grobanalyse Themenstellung „Kooperative Führung"

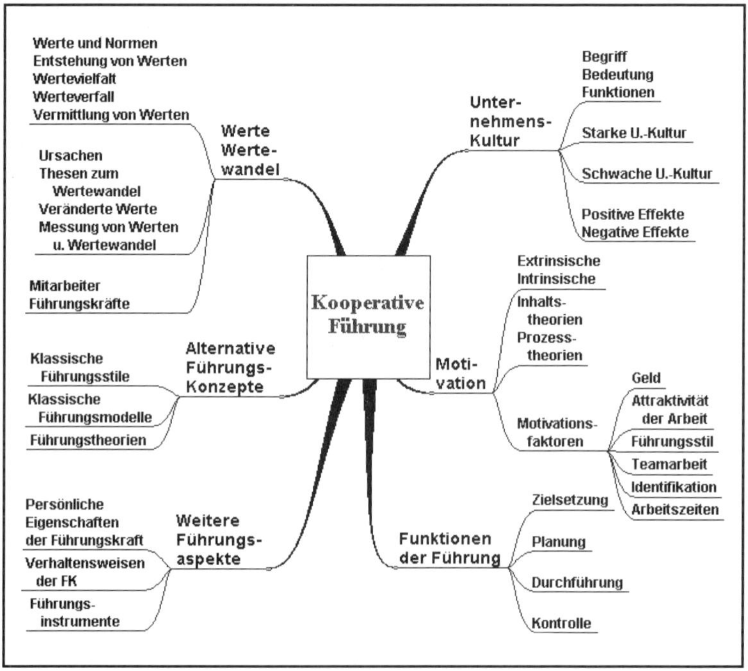

Suchen Sie zu diesem voraussichtlich bearbeitbaren Unterthema als **nächste Eingrenzung** wiederum die wichtigsten Unterthemen bzw. Probleme, Fragestellungen oder Aspekte. Dabei ergänzen, erweitern und verfeinern Sie die Einträge Ihres ersten Mindmap weiter.

Ihre Gedanken können Sie sich dabei wiederum als Mindmap oder in Form einer Gliederung verdeutlichen und festhalten.

In der folgenden Darst. 8 *wurde aus dem Unterthema „Kooperative Führung" der* Darst. 7 *mit der beschriebenen Methode das weitere Unterthema "Motivation als wichtige Komponente der Personalführung" herausgefiltert und in seinen Unterpunkten ergänzt.*

Darst. 8: Mindmap – Feinanalyse Themenstellung „Motivation"

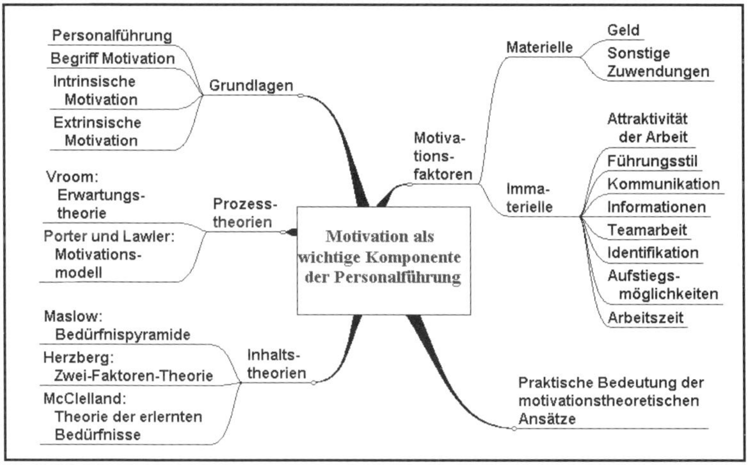

(d) Führen Sie dieses Verfahren fort, bis Sie entweder Ihr **Thema vollständig erfasst** oder ein **voraussichtlich bearbeitbares Thema eingegrenzt** haben.

③ Kontrolle durch „Pro und Kontra"

Klären Sie für sich – ggf. in jedem der vorgenannten Schritte – was Sie an Ihrem Themenbereich eher interessiert und was Sie noch irritiert. Stellen Sie das Ergebnis am besten in einer Liste „Für und Wider" bzw. „Pro und Kontra"schriftlich gegenüber.

Durchlaufen Sie danach probehalber die folgenden Schritte ④ bis ⑨.

④ Formulierung des Arbeitsthemas

(Vorläufige Formulierung des Themas)

Wenn Sie sich Klarheit über das Thema verschafft und die Literatur gesichtet haben, sollten Sie sich genau überlegen, was die eigentliche Fragestellung der Arbeit ist bzw. sein soll und wie der 'rote Faden' der Argumentation geknüpft werden soll.

- Sie sollten sich zuerst eine der folgenden Fragen in einem klaren und eindeutigen Satz schriftlich beantworten:

  „Worüber will ich schreiben?" bzw.
  „Welche Frage will ich beantworten?"

  Dieser Schritt bedeutet die klare Festlegung der Problemstellung und des inhaltlichen **Ziel**s der Arbeit, an dem sich alle weiteren Entscheidungen über Gliederungsfragen, Auswahl von (Teil)Inhalten etc. orientieren!!

- Das so formulierte Thema sollte zunächst jedoch nur als (vorläufiges) **Arbeitsthema** aufgefasst werden.

- Die Formulierung wird dann mit tieferem Eindringen in die Fragestellung genauer gefasst und

- in Absprache mit dem Themensteller (Prüfer) erweitert, ergänzt bzw. eingegrenzt und

- danach endgültig festgelegt.

⑤ Weitere Suche zur **Skizzierung der Hauptaussagen**

⑥ Weitere Suche zur **konkreten Formulierung der Hauptaussagen**

⑦ Entwurf der **Arbeitsgliederung** (Grobentwurf der Gliederung)

Erstes Ergebnis ist die (vorläufige Arbeits-) Gliederung, auf die auch in der Folge viel Zeit und Sorgfalt verwandt werden sollte – und ohne die eine Arbeit eine ungeordnete Menge von Gedanken bleiben würde.

Wir empfehlen, mit mindestens der Gliederung und einer Literaturliste in die Sprechstunde zu gehen und die geplante Argumentation und die Literatur- und Informationsgrundlagen mit dem Prüfer abzustimmen. Besser ist es, die nachfolgend beschriebene Grobplanung durchzusprechen.

⑧ **Grobplanung / Subjekt Analysis / Thesis Plan / Kurzübersicht**

In vielen Fällen werden Sie von den Prüfern aufgefordert, eine Kurzübersicht über Ihr Arbeitsvorhaben zu erstellen, Sie sollten dies aber auch ohne diesen Zwang tun.

Eine solche Grobplanung ist entweder vor einer Themenbesprechung bei Ihrem Prüfer einzureichen oder zum Termin mitzubringen.

Die **Kurzübersicht des Arbeitsvorhabens** sollte – wenn nichts anderes vorgegeben ist – etwa zwei bis drei Seiten umfassen und Folgendes beinhalten:

1. Thema/Titel der Arbeit
2. Grobes Inhaltsverzeichnis mit Grobgliederung
3. Gegenstand und Ziele der Arbeit
4. Das zu diskutierende Problem in Form einer Frage und Unterfragen
5. Konzept der Vorgehensweise
6. Untersuchungsmethodik mit Begründung
7. Erwartete Ergebnisse und ihre Bedeutung
8. Vorgesehene Haupt-Quellen
9. Zeitplan der Bearbeitung

⑨ **Schreiben des ersten Entwurfs**

Das heißt Entwickeln und Festhalten der bisherigen Gedanken und Ideen und deren Sortierung. Dabei sollen Sie – der Arbeitsgliederung entsprechend – eine Grobstruktur skizzieren von der Problemstellung über die theoretischen Grundlagen bis hin zu den Ergebnissen und Perspektiven.

In diesem frühen Stadium sollte keinesfalls an der Formulierung gefeilt werden, da diese Entwurfsteile erfahrungsgemäß noch häufig umgestellt, überarbeitet, ergänzt oder entfernt werden.

b. Weitere Kreativitäts-Techniken

Sollten Sie beim Anwenden der Cluster-Methode des Mindmapping nicht so recht weiterkommen, bieten sich weitere Methoden an, ein Thema auszuloten:

Methode der W-Fragen – was, wann, wer, wie, wo, warum, womit

Mit Hilfe der Antworten auf diese gezielten Fragen können Sie ein Thema weiter ergründen.

Methode der Fragenkaskade mit Warum-Fragen

Beginnend mit einer Warum-Frage hinterfragen Sie jede gefundene Antwort wieder mit „warum?“.

Überschlafen

Beißen Sie sich nicht an bestimmten Punkten fest. Lassen Sie Ihr Unterbewußtsein im Schlaf an dem Problem arbeiten. Der nächste Tag bringt dann mehr Klarheit.

Wenn trotz aller Bemühungen gar nichts mehr hilft, versuchen Sie ein **neues Thema**. Ein völliger Neubeginn ist besser als ein nicht bearbeitbares Thema!

4.2 Zeit- und Ablaufplanung

Wie kann ich den notwendigen Arbeitsablauf und meinen Zeitverbrauch verdeutlichen und planen?

Beachten Sie, dass – insbesondere bei Arbeiten mit festem Abgabetermin – die Zeit i.d.R. Ihre knappste Ressource darstellt und auch bei der Erstellung wissenschaftlicher Arbeiten meist das Gesetz vom abnehmenden Grenzertrag gilt.

- **Klären** Sie den genauen **Abgabetermin** und stellen Sie seine Einhaltung durch eine realistische Planung sicher!
- Erarbeiten Sie sich eine – wenigstens grobe – Zeitkalkulation (Darst. 9) und Zeitplanung (Darst. 10) und aktualisieren Sie diese laufend (rollende Planung). Aus vielfältiger Erfahrung werden Sie u.a. durch folgende Vorteile belohnt:
  - Bessere **Übersicht** über die einzelnen Arbeitsschritte und die Möglichkeit zum Koordinieren dieser Schritte, die – für den Verfasser oft unübersichtlich – teilweise parallel, sich wiederholend und überschneidend verlaufen.
  - Angemessene **Verteilung der knappen Zeit** auf die Arbeitsschritte und die sonstigen persönlichen Aktivitäten.
    So wird häufig dem Arbeitsschritt '1 Materialsammlung' (Schritt 1 in Darst. 9 und Darst. 10) unverhältnismäßig viel Zeit eingeräumt, dem Arbeitsschritt '5 Überarbeiten der Reinschrift' zu wenig und der Zeitbedarf für 'Persönliches' weitgehend unberücksichtigt gelassen.
  - Kontrolle des Arbeitsfortschritts
  - laufender **Abgleich** der noch benötigten Zeit mit dem restlichen **Zeitkontingent** bis zum Abgabetermin.
- Planen Sie für das Erarbeiten der **Endfassung** ausreichend Zeit ein (i.d.R. das doppelte Ihrer Schätzung) für:
  - stilistische Überarbeitung
  - formale Überarbeitung (Fußnoten, Literaturverzeichnis, Rechtschreibung, Interpunktion etc.)
  - kopieren, heften/binden, abgeben.

Die **folgenden Muster für eine Zeitplanung** stellen Anhaltswerte für eine Drei-Monats-Arbeit dar und sollten Ihren individuellen Gegebenheiten angepasst werden. Dabei ist auch zu berücksichtigen, dass sich die einzelnen Arbeitsschritte – insbesondere die Schritte eins bis vier – in aller Regel überlappen (vergleichen Sie bitte die hellgrauen Balken in Darst. 10).

Darst. 9: Muster einer Zeitkalkulation

Muster einer Kalkulation der Arbeitsschritte, Arbeitsmengen und des Zeitrahmens für eine Drei-Monats-Diplomarbeit		**Zeit in Wochen(ca.)** Muster	Ihre Werte
0	Vorarbeiten, Vorplanung, lfd. Planung und Kontrolle		
1	Material (Literatur etc.) sammeln und Thema abgrenzen	2	
2	Material sichten, auswählen, ordnen; entwickeln einer Arbeitsgliederung	3	
3	Material auswerten, Gliederung, Erstfassung schreiben	4	
4	Reinschrift (überarbeiten der Erstfassung)	2	
5	Druckfassung (überarbeiten der Reinschrift)	1	
6	Drucken und Binden	1	
	Gesamt	**13**	

Darst. 10: Muster einer Zeitplanung

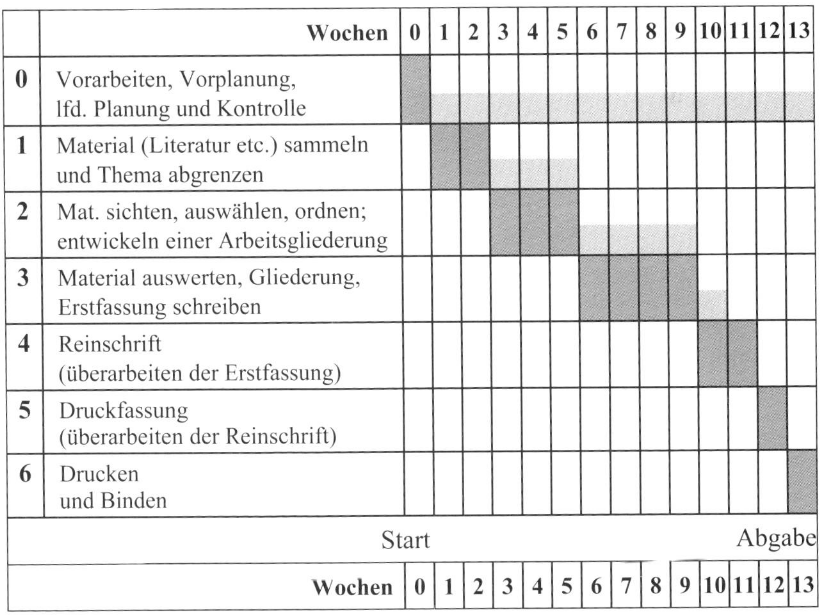

Darst. 11: Beispiel-Kalkulation der verfügbaren Zeit

Wochen	**0**	**1**	**2**	**3**	**4**	**5**	**6**	**7**	**8**	**9**	**10**	**11**	**12**	**13**
Tage brutto	7	7	7	7	7	7	7	7	7	7	7	7	7	7
- Sonntage	1	1	1	1	1	1	1	1	1	1	1	1	1	1
- Feiertage	.	1	.	.	.	1	.	.	.	1	.	.	.	1
- Hochschule	1	.	1	.	1	.	1	.	1	.	1	.	1	.
- Arbeit/Job	.	.	.	1	.	.	.	1	.	.	.	1	.	.
- Privat	1	.	.	.	1	.	.	.	1	.	.	.	1	.
Arbeitstage netto	**4**	**5**	**5**	**5**	**4**	**5**	**5**	**5**	**4**	**5**	**5**	**5**	**4**	**5**
Wochen	**0**	**1**	**2**	**3**	**4**	**5**	**6**	**7**	**8**	**9**	**10**	**11**	**12**	**13**

Ihre persönliche Kalkulation der verfügbaren Zeit

Darst. 12: Formular zur Kalkulation Ihrer verfügbaren Zeit

Wochen	**0**	**1**	**2**	**3**	**4**	**5**	**6**	**7**	**8**	**9**	**10**	**11**	**12**	**13**
Tage brutto	7	7	7	7	7	7	7	7	7	7	7	7	7	7
- Sonntage														
- Feiertage														
- Hochschule														
- Arbeit/Job														
- Privat														
Arbeitstage netto														
Wochen	**0**	**1**	**2**	**3**	**4**	**5**	**6**	**7**	**8**	**9**	**10**	**11**	**12**	**13**

Über diese zeitliche Strukturplanung hinaus sollten Sie sich darüber klar werden, wann Ihre täglichen persönlichen Phasen erhöhter und verminderter **Leistungsfähigkeit** und -bereitschaft sind. Den jeweiligen Phasen können Sie dann entsprechend eher kreative oder eher mechanische Tätigkeiten (wie Textformatierungen) zuordnen.

Berücksichtigen Sie, sich für jeden Arbeitsschritt einen festen Termin als **'Redaktionsschluss'** festzulegen, um nicht in den folgenden Schritten aus Zeitnot Qualitätseinbußen hinnehmen zu müssen.

Und nicht zuletzt: Widerstehen Sie konsequent allen ungeplanten Verlockungen privater Freizeitunternehmungen wie Treffen mit Freunden und Familie.

4.3 Literatursuche

Wie gestalte ich Suche und Auswahl der notwendigen Literatur?

Grenzen Sie zunächst die möglichen Fragestellungen Ihres voraussichtlichen Themas ein, damit Sie nicht unnötige Zeit in später unwichtigen Randbereichen verlieren. Später haben Sie immer noch die Möglichkeit, weitere Recherchen durchzuführen.

Zur erfolgreichen Suche geeigneter Literatur(stellen) benötigen Sie eine richtige **Suchstrategie**. Diese ergibt sich aus einer Kombination der Antworten auf die folgenden Fragen:

a. Standorte: Wo finde ich die Literatur?
b. Literaturtypen: Welche Literaturarten kommen in Frage?
c. Suchwerkzeuge: Mit welchen Suchwerkzeugen suche ich?
d. Vorgehensweise: Wie fange ich an?
e. Auswahl und Qualitätsprüfung der Literatur: Was übernehme ich?

4

a. 'Standorte' der Literatur und sonstigen Quellen

- **Angebotstypen**

  Als Standorte, d.h. Stellen, an denen ein direkter Zugriff auf die Inhalte der Quellen möglich ist, stehen verschiedene Angebotstypen zur Verfügung:

  - Bibliotheken
  - Datenbanken
  - Informations-, Daten-, Dokumentations-, Recherche-Dienste

- **Anbieter**

  Prüfen Sie zunächst in Ihrer Institution, welche Angebotstypen generell zugänglich sind, bevor Sie auf weiter entfernte Anbieter zugreifen.

  - Universitäten, Hochschulen, Forschungseinrichtungen
  - Berufsständ. Vereinigungen, Kammern, Verbände, Gewerkschaften
  - Ministerien des Bundes und der Länder
  - Statistische Ämter der EU, des Bundes und der Länder
  - EU
  - Internationale Organisationen (UN, Council of Europe, IWF etc.)
  - Öffentliche Institutionen (Zentralbanken, Parlamente, Behörden, Körperschaften wie BfA, BVA, Rundfunk- und TV-Anstalten)
  - Unternehmen

- **Bibliothekstypen**

  Die Bibliothekstypen können nach ihrer Zugänglichkeit und ihrem inhaltlichen Angebot unterschieden werden. Beachten Sie bitte diese Unterschiede, da sie starke Auswirkungen auf Ihren Zeitverbrauch haben.

Darst. 13: Bibliothekstypen

Kriterium	Typen	Bemerkung
Zugänglichkeit	Präsenz-Bibliothek (Handapparat)	Direkter Zugriff möglich
	Ausleihbibliothek	Zugriff nach Bestellung
	Fernleihe	Zugriff nach Bestellung und Lieferung
Angebot	Allgemein-Bibliothek	
	Spezial-Bibliothek	

b. Literaturtypen

Nach **Veröffentlichungsform**

- Selbständige Literatur
- Nicht selbständige Literatur
  - Kongress-/Konferenzbände (proceedings)
  - Sammelwerke
  - Fachzeitschriften (Aufsätze, Artikel)
  - Zeitungen — Periodika
  - Jahrbücher
  - Magazine
- 'Graue' Literatur (nicht allgemein zugängliche Literatur wie Diplomarbeiten, Tagungsberichte, Arbeitspapiere)

Nach **Inhalten**

- Allgemeine Nachschlagewerke
  - (Konversations-) Lexika
  - Enzyklopädien
- Spezielle Nachschlagewerke
  - Fach-Sprach-Wörterbücher, Glossarien (ein-, mehrsprachig)
  - Fremdwörter-Lexika
  - Fach-Lexika, Kompendien
  - Hand(wörter)bücher

- Fakten und Zahlen
  - Amtliche Statistik
  - Nichtamtliche Statistik
  - Internationale Daten
- Gesetzgebung, Verordnungen, Verwaltungsvorschriften, Abkommen
- Urteile und Beschlüsse
  - Oberste Ebene: EuGH, BVerfG, BGH, BFH, BAG, BSG, BVerwG
  - Nachgeordnete Ebenen
- Verwaltung
  - EU, Bund, Länder, Kommunen
  - Ministerial-, Amtsblätter; Staats-, Kommunalanzeiger
- Statistiken
  - Statistisches Amt der EU (Eurostat)
  - Statistisches Bundesamt, Statist. Landesämter, Deutsche Bundesbank
- Fachliteratur
  - Lehrbücher
  - Fachzeitschriften

Nach **Lieferbereitschaft des Buchhandels**

- Lieferbare Literatur
  - VLBs (Verzeichnisse lieferbarer Bücher, aber nicht aller)
  - Barsortiments-Kataloge der Großhändler
- Nicht lieferbare Literatur

Nach **Zitierfähigkeit**

- Zitierfähige Literatur sind veröffentlichte und zugängliche Quellen
- Nicht zitierfähige Literatur
  - für einen Dritten nicht öffentlich zu beschaffende unveröffentlichte Literatur wie meist Seminar- und Diplomarbeiten, Vorlesungs-Scripte und i.d.R. mündliche Informationen
  - i.d.R. sogenannte Populärwissenschaftliche Literatur[30]
  - Lexika (Allgemein- bzw. Konversationslexika), wenn zu dem Stichwort Fachliteratur existiert. Gleiches gilt für Internet-Quellen.
  - Publikumszeitschriften (i.d.R. Nicht-Fachzeitschriften)

[30] Literatur, die bspw. ohne konkrete Quellenangaben und häufig in einem plakativen romanhaften bzw. Zeitungs-/ Magazinstil argumentiert.

c. **Suchwerkzeuge** (Kataloge, Bibliographien, Datenbanken)

Die nicht überschaubare Anzahl von Standorten und Quellen macht es ggf. erforderlich, spezielle Suchinstrumente einzusetzen, wenn die Suche in der Universitäts- bzw. Hochschulbibliothek des eigenen Standorts nicht ausreicht.

Empfehlenswert ist bspw. eine Suche in den in Pkt. 3.3d, S. 37 genannten wichtigen Quellen.

- **Suchwerkzeuge für Standorte und Anbieter**

Nachfolgend soll eine Auswahl wichtiger Suchwerkzeuge dargestellt werden. Bei der Auswahl ist es empfehlenswert, zunächst nach einer Online-Ausgabe zu suchen und sonst die jeweils aktuelle Auflage zu verwenden. Die folgenden Verzeichnisse werden jedoch zunehmend auf CD-ROM und/oder Online-Angebote umgestellt.

◦ **Bibliotheksverzeichnisse**

Bibliotheksverzeichnisse liefern Angaben über bestehende Bibliotheken und deren Schwerpunkte sowie Spezialbestände, die nicht überall verfügbar sind.[31] Ausführliche Angaben für die Online-Suche finden Sie unter 3.3d, S. 37.

◦ **Datenbankverzeichnisse**

Die große und zunehmende Anzahl Datenbanken hat auch hier eigene Verzeichnisse erforderlich gemacht. Informieren Sie sich zunächst in Ihrer Bibliothek, welche (CD-ROM-)Bestände Sie dort – ggf. im Netzwerk – kostenfrei nutzen können, bevor Sie auf meist teure sonstige Datenbanken ausweichen. Datenbankverweise finden Sie auch unter den Internet-Adressen unter 3.3c, S. 35 ff. und d, S. 37 f.

◦ **Übersichten für sonstige Standorte**

Erste Übersichten über Universitäten, Hochschulen und staatliche Anbieter finden Sie in den Internet-Adressen unter 3.3d, S. 37 f.

[31] Der 'Führer durch die Hamburger Bibliotheken und ihre Geschichte' von Klaus Gottsleben wies 1997 beispielsweise 258 Bibliotheken mit 16 Mio. Büchern nach.

- **Bibliothekskataloge zur Suche nach Quellen**
  - Bibliothekskataloge sind die klassischen Instrumente zur Suche nach Quellen in den Bibliotheken.
  - Sie sind Verzeichnisse des Bibliotheksbestandes, die nach unterschiedlichen Gesichtspunkten geordnet sind und den Standort in der Bibliothek angeben.
  - Die Kataloge unterscheiden sich nach ihren Inhalten in folgende Katalogtypen:

Darst. 14: Bibliothekskataloge

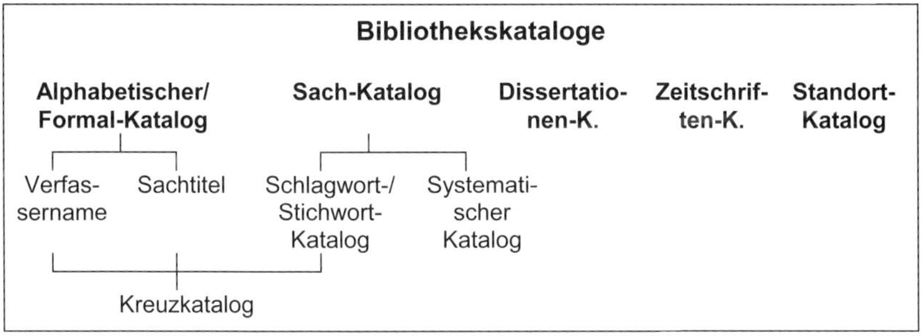

  - Die Kataloge gibt es in folgenden technischen Formen:
    Kartei – Microfiche – EDV
  - Über die jeweilige Struktur und die Organisation jeder Bibliothek geben die speziellen Hinweise, Kurse, Benutzungsordnungen und das fachkundige Personal genauere Auskunft.

◦ **Alphabetischer Katalog** (auch Formal-, Nominal-Katalog)

Diese Kataloge sind alphabetische Aufstellungen der Titel nach:
- Verfassernamen
- Sachtitel

Anonyme Werke (ohne Verfassername), die auch keine Herausgeberangabe haben, werden nur unter dem Sachtitel aufgeführt. Ebenso Zeitschriften und Zeitungen.

◦ **Schlagwort-/Stichwort-Katalog (Sach-Katalog)**

Alphabetische Aufstellung der Titel nach Sachbegriffen wie Schlag- und Stichworten.

- Schlagworte: Kurzbegriffe für den Inhalt eines Werkes
- Stichworte: Ausgewählte Begriffe aus dem Titel eines Werkes

Beide werden vom Bibliothekspersonal gewählt und können nur mehr oder weniger zutreffend den Inhalt eines Werkes wiedergeben.

Die Sachkataloge enthalten aber nur den Bestand der jeweiligen Bibliothek.

○ **Systematischer Katalog** (**Sach**-Katalog)

Die Werke der Bibliothek werden mittels spezieller Klassifikationssysteme größeren Sachgebieten zugeordnet. Auch hier ist die Genauigkeit der Zuordnung vom Bibliothekspersonal abhängig.

○ **Kreuzkatalog**

- Kombination von alphabetischem und Sachkatalog.
- Erlaubt die Verknüpfung mehrerer Suchkriterien.
- Ein Beispiel ist der Online Public Access Catalogue (OPAC).

- **Bibliographien**

Bibliographien sind Verzeichnisse, die für einen abgegrenzten Bereich (Land, Sprache, Sachgebiet) die gesamte (Fach-)Literatur zu erfassen versuchen und mit genauen bibliographischen Angaben aufführen.

Darst. 15: Bibliographie-Typen

Reine Bibliographien (Index)	Reine Titelnachweise ohne Inhaltsangaben, Zusammenfassungen und Kommentare.
Contents	Inhalts-Bibliographien geben die Inhaltsverzeichnisse von Fachzeitschriften wieder.
Abstracts	Abstract-Bibliographien geben eine Kurzfassung des Inhalts der Quelle wieder. Diese Angaben sind zwar oft unscharf, helfen aber bei der Grobauswahl der Titel.
Referatedienste	Liefern gegenüber den Abstracts noch einmal erweiterte Informationen.
Zitierindices	Geben die Quellen an, in denen ein Autor zitiert wird.

Bibliographien liefern jedoch keine Aussagen darüber, wo diese Werke zu finden sind. Auch ist zu beachten, dass sie ggf. um Monate bis Jahre hinter der Aktualität herhinken.

Darst. 16: Reine Bibliographien (Index)

Meta-B.	Bibliographien der Bibliographien
Internationale B.	Bibliographien mehrerer Länder
Nationale B.	Allgemein-Bibliographien aller Sachgebiete eines Landes
Buchhandels-B.	Im Buchhandel angebotene Literatur: - Barsortiments-Kataloge einzelner Buchhändler und Großhändler wie LIBRI, KNV - VLB (Verzeichnis lieferbarer Bücher) - Fachbibliographien einzelner Buchhändler
Verlags-B.	Gesamtverzeichnisse der Fachverlage
Fach-B.	Bibliographien zu speziellen Fachgebieten, auch unselbständiger Literatur wie Artikel in Fachzeitschriften. Gibt es in großer Zahl und zu fast allen Themenbereichen.
Spezial-B.	Insbesondere wichtig für die nicht über den Buchhandel erhältlichen Publikationen. - Hochschulschriften - Zeitschriftentitel (nicht deren Aufsätze) - Zeitschriften- und Zeitungsaufsätze - Konferenzen (Proceedings) - Rezensionen - Amtliches Schrifttum - Sonstige Literatur

Auf eine erweiterte Angabe konkreter Titel der schon fast nicht mehr überschaubaren Bibliographien wird hier verzichtet. In der Regel werden Sie zunächst mit den Bibliographien auskommen, die Sie unschwer in den Ihnen zugänglichen Bibliotheken und Buchhandlungen finden.

Inzwischen werden Sie ohnehin vorzugsweise über Internet weltweit in die Bibliotheksbestände Einsicht nehmen. Empfehlungen dazu finden Sie unter 3.3d, S. 37 f. Einige wichtige Anmerkungen zu den o.g. Bibliographien sollen jedoch genannt werden.

◦ **Meta-Bibliographien**

Je spezieller und umfangreicher Ihre wissenschaftliche Arbeit ist, um so empfehlenswerter ist es, über dieses Instrument systematisch nach einschlägigen Fach- und Spezial-Bibliographien zu suchen. Meta-Bibliographien finden Sie auch unter den Begriffen 'Bibliography', 'Bibliographic Index' und 'Library'.

◦ **National-Bibliographien**

Die National-Bibliographien erfassen zuverlässig alle im jeweiligen Land erschienenen Titel (selbständige Quellen), da Ablieferungspflicht für Belegexemplare besteht. Links zu den wichtigsten Nationalbibliotheken finden Sie in den Adressen unter 3.3d, S. 37 f.

◦ **(Buchhandels-)Bibliographien lieferbazer Bücher**

- Enthalten nur lieferbare, nicht vergriffene Bücher.
- Enthalten nur die Titel, die der Großhändler oder die Buchhandlung im Sortiment führt.
  Z.B. **LIBRI,** Georg Lingenbrink www.libri.de
  KNV, Koch, Neff&Volckmar www.buchkatalog.de
- Nur die **'Verzeichnisse lieferbarer Bücher'** (VLB) sind verlagsübergreifend vollständiger, aber auch nicht vollständig.
  Für Deutschland www.buchhandel.de

Auch hier verweisen wir auf die internationalen Adressen unter 3.3d, S. 37 f.

◦ **Fach-Bibliographien**

Diese Bibliographien existieren zu allen Fachgebieten. Fragen Sie in Ihrer Bibliothek danach.

◦ **Spezial-Bibliographien – Hochschulschriften**

Hochschulschriften sind für wissenschaftliche Arbeiten besonders bedeutsam. Da sie häufig nicht über den Buchhandel vertrieben werden, fehlen sie aber in vielen allgemeinen Bibliographien.

◦ **Spezial-Bibliographien – Zeitschriften- und Zeitungsaufsätze**

Die sehr wichtigen Aufsätze in wissenschaftlichen Zeitschriften und Sammelwerken fallen unter 'unselbständige Literatur' und werden deshalb in allgemeinen und vielen Fachbibliographien oft nicht aufgeführt.

- **Datenbanken**

  - Datenbanken sind systematische und strukturiert abfragbare Sammlungen von Informationen, meist von gedruckten Quellen.

  - Sie können abgefragt werden über:
    - Anfragen : Klassische Datenbanken
    - Online : Online-Datenbanken
    - CD-ROM : CD-ROM-Datenbanken

  - Datenbanken können nach ihrem Inhalt wie folgt unterteilt werden:

Darst. 17: Datenbanken

Volltext-Datenbanken	enthalten die vollständigen Dokumente
Referenz-Datenbanken	enthalten in verschiedenen Ausprägungen - Titelnachweise - Bibliographische Nachweise - Klassifikationen - Schlagworte - Zusammenfassungen
Fakten-Datenbanken	enthalten konkrete - Informationen - Daten - Kennzahlen

  - Die **Suchergebnisse** in Datenbanken sind entscheidend davon abhängig, wie exakt Sie die themenbezogenen Suchbegriffe eingrenzen, formulieren und verknüpfen.

  - Anfragen und Recherchen bei Datenbanken können aus Aktualitäts- und Qualitätsgründen nur ergänzend zu den Recherchen in Originalquellen empfohlen werden.

  - Dabei ist auch der – zumindest bei kommerziellen Anbietern – oft hohe Preis zu berücksichtigen.

  - Vorteilhaft ist die Möglichkeit, nach unterschiedlichen Kriterien wie Titel, Verfasser, Erscheinungsjahr und Stichworten zu suchen.

4

d. Vorgehensweise bei der Literatursuche und -beschaffung

Für diese wichtige Aufgabe werden **zwei Grundstrategien** unterschieden. Richtig angewendet kann die eine der folgenden Methoden so gut sein wie die andere. Bei falscher Anwendung nutzt aber auch die beste Methode wenig.

Empfehlenswert ist eine kombinierte Anwendung beider Strategien, wobei die systematische oder bibliographische Methode bei größeren Arbeiten meist unverzichtbar ist.

Darst. 18: Grundstrategien der Literatursuche

Grundstrategie der sog. systematischen oder bibliographischen Methode
- Start in möglichst aktuellen Fachzeitschriften. - Danach systematische Suche in Monographien und Sammelwerken. Dabei meist zurückarbeitend von aktueller zu älterer Literatur. - Einsatz der Suchwerkzeuge wie unter c. beschrieben. Zusätzliche Suche in Verlagsprospekten, Rezensionen, Neuerscheinungen.

Grundstrategie der 'Methode der konzentrischen Kreise' (Schneeball- oder Lawinensystem)
1. Stufe: Hier beginnen Sie mit einer Quelle, z.B. einem Lehrbuch und verfolgen die dort angegebene Literatur weiter. **2. Stufe:** Weiterverfolgen der neuen Literaturangaben und so fort. Die Zahl der Literaturverweise wächst zunächst stark an, bis sich zunehmend die bereits bekannten Quellen wiederfinden. ☺ - Nach wenigen Runden ist das einschlägige Schrifttum ermittelt. - Die wichtigsten (oft meistzitierten) Quellen sind schnell gefunden. ☹ - Bisher nicht zitierte Quellen werden auch nicht gefunden. - Nur ältere Quellen als die Ausgangs-Schrift werden so gefunden - Gefahr, in einem der Zitierkartelle steckenzubleiben, die nur Arbeiten von 'Gleichgesinnten' verarbeiten. - Quellen aus Nachbardisziplinen werden meist nicht gefunden. - **Abhilfe:** Auch neueste Zeitschriftenartikel als Ausgangsschriften heranziehen, dann werden Sie über deren Literaturangaben an aktuellere Quellen herangeführt.

- **Beschaffen** Sie die **Literatur** in **Teilschritten** (nur so viel ausleihen, wie Sie in der Leihfrist auch bearbeiten können). Achtung: Die Bearbeitung dauert immer länger als Sie glauben!

- Für Hausarbeiten empfiehlt sich bei der ersten Suche nach Literatur folgendes **Vorgehen**:

  Beginnen sollten Sie mit der **Grundlagenliteratur** Ihrer Lehrveranstaltung (bei BWL-Themen etwa Gutenberg, Wöhe, Schierenbeck, Hopfenbeck etc.), in der Sie weitere Hinweise finden. Zu empfehlen ist dann, das Thema nach Stichworten aufzuschlüsseln und mit verschiedenen Hand(wörter)büchern zu arbeiten, die z.T. den Wissensstand und die herrschende Meinung zusammenfassen (aber auf Aktualität achten!).

Als **Übersichtsliteratur** bieten sich in der BWL etwa an:

- Handwörterbuch der Wirtschaftswissenschaften (HDWW).
- Enzyklopädie der Betriebswirtschaftslehre,
  spezialisiert in unterschiedlichen Handwörterbüchern:
  Absatzwirtschaft, Personalwesen, Rechnungswesen,
  Organisation, Führung, Planung, Finanzwirtschaft usw.
- Handwörterbücher unterschiedlicher wissenschaftlicher Qualität
  zu fast allen betrieblichen Teilbereichen, z.B. Handbuch der
  Bilanzierung, der Kostenrechnung usw.

☹ Nicht zur wissenschaftlichen Literatur im engeren Sinne zählen Konversationslexika, aus denen Sie keine Fach-Definitionen entnehmen bzw. zitieren sollten.

Der nächste Schritt bei der Literatursuche führt zum **Sachkatalog** der Bibliothek, wo der gesamte Buchbestand **systematisch** nach Schlagworten geordnet ist. Fragen sie die Bibliothekare um Rat und Hilfe; sie sind gern dazu bereit.

Absolut notwendig ist der Blick in die aktuellen **Fachzeitschriften** mit den neuesten Entwicklungen und aktuellen Diskussionen. Blättern Sie die letzten zwei oder drei Jahrgänge durch, um zu sehen, welche Themen Wissenschaft und Praxis aktuell beschäftigen.

Eine Auswahl solcher Fachzeitschriften:

BWL
- Das Wirtschaftsstudium (WISU)
- Wirtschaftswissenschaftliches Studium (WiSt)
- Zeitschrift für Betriebswirtschaft (ZfB)
- Zeitschrift für betriebswirtschaftliche Forschung (ZfbF)
- Betriebswirtschaftliche Forschung und Praxis (BFuP)
- Die Betriebswirtschaft (DBW) www.dbwnet.de
- Controlling
- Harvard Manager – auch in deutscher Übersetzung

Wirtschaft
- Manager Magazin
- Impulse
- OECD-Wirtschaftsberichte – Deutschland
- Deutsche Bundesbank: "Monatsberichte", "Auszüge aus Presseartikeln"
- Informationsdienst des Instituts der deutschen Wirtschaft (iwd)
- Zeitschrift für Wirtschafts- und Sozialwissenschaften

Personal
- Personal
- Zeitschrift Führung und Organisation (ZFO) www.zfo.de

Marketing
- Journal of Marketing (JOM)
- Marketing Journal (MJ)
- Absatzwirtschaft (asw)
- Marketing-Zeitschrift für Forschung und Praxis (Marketing-ZFP)

Bank- und Finanzwesen
- Die Bank (DB)
- bank und markt (b u m)
- Zeitschrift für das gesamte Kreditwesen (ZfgK)

Recht
- Neue Juristische Wochenschrift (NJW)
- Neue Justiz
- Neue Zeitschrift für Strafrecht (NStZ)
- Zeitschrift für das gesamte Familienrecht (FamRZ)

Das Finden der Literatur bereitet somit meist keine allzu großen Probleme. Schwieriger ist schon ihre Beschaffung, die Auswahl und die Verarbeitung zu einem eigenen Beitrag nach wissenschaftlichen Regeln.

e. Auswahl und Qualitätsprüfung der Literatur

Gefundene Quellen sind spätestens vor einer Übernahme ihrer Aussagen in die eigene Arbeit auf die Qualität der Quelle zu überprüfen. Dabei können Ihnen die folgenden **Prüffragen** hilfreich sein:

- ❑ Ist der Titel des Werkes und bei Sammelbänden des Beitrags relevant für Ihr Thema?
  Bsp.: Eine Definition für Marketing aus einem Titel wie: 'Probleme der Eisenbahnen' zu entnehmen kann sehr fragwürdig sein.
- ❑ Ist der Autor bekannt, auch als Experte für das Thema?
- ❑ Ist der Titel aktuell (Erscheinungsdatum)?
- ❑ Ist der Verlag bzw. die Zeitschrift oder Buch-Reihe als seriös für das Fachgebiet anzusehen? Vorsicht bei sog. populärwissenschaftlichen Verlagen und Buch-Reihen.
- ❑ Ist der Titel bzw. Beitrag sehr kurz und damit meist stark vereinfachend oder länger und damit detaillierter und vollständiger?
- ❑ Haben Sie neben der Gliederung auch Ihr Literaturverzeichnis mit Ihrem Betreuer bzw. Gutachter besprochen und dessen Literaturempfehlungen berücksichtigt? Damit erreichen Sie neben Ihrer eigenen auch eine externe Qualitätskontrolle.

f. Dokumentation der Literaturquellen

Legen Sie für jeden Titel eine **Kartei** oder eine Position in einer **Datei** an mit **allen für die Zitierung und das Literaturverzeichnis nötigen Angaben** incl. **Standort** und **Signatur**. Erfassen Sie ggf. auch Bewertungen und wichtige Auszüge aus dem Inhalt.

☼ TIPP: Nummerieren Sie Ihre verwendete Literatur strikt nach der Reihenfolge, in der Sie sie notieren (mit allen für das Literaturverzeichnis notwendigen bibliographischen Angaben). Auf Exzerpten, Kopien und eigenen Textentwürfen brauchen Sie dann nur noch diese Quellen-Nummern und die Seite festzuhalten (z.B. 3, S. 11). Erst bei der weiteren Bearbeitung ersetzen Sie dann diese laufende Quellen-Nr. (z.B. 3) durch die vollständigen Angaben.

Denken Sie an Ihre Aufgabe: **das Thema eigenständig und mit Hilfe der Literatur zu bearbeiten. Dabei ist die für das Thema wichtige und zugängliche Literatur mindestens ausreichend vollständig zu berücksichtigen.**

4.4 Besonderheiten empirischer Arbeiten

Was muß ich bei empirischen Untersuchungen besonders beachten?

Empirische Untersuchungen sind insbesondere in Abschlussarbeiten verschiedener Fachdisziplinen sowohl für die Erkenntnisgewinnung als auch für die Beurteilung und Bewertung der Arbeit von Bedeutung.

Zu diesem Thema, das meist im Studium vertieft behandelt wird, soll hier aber nur ein Überblick gegeben werden. Daher folgen zunächst Hinweise zur Planung, Durchführung und Auswertung empirischer Untersuchungen.

Anschließend erfolgt eine exemplarische Beurteilung des Einsatzes ausgewählter Erhebungstechniken am Beispiel der schriftlichen Befragung (Fragebogen) und der mündlichen Befragung (Interview) bei wissenschaftlichen Arbeiten.

a. Ablauf und Hauptfunktionen von Forschungsprozessen

Jeder Forschungsprozess besteht aus mehreren interdependenten Teilprozessen.[32] Eine generelle Schrittfolge vermittelt die folgende Darstellung:

Darst. 19: Integrierter Forschungsprozess

⇨ **I. Untersuchungsplanung**
- Forschungsgegenstand
- Stichprobenauswahl
- Versuchsplanung

⇩

⇨ **II. Untersuchungsdurchführung**
- Einsatz von Forschungsmethoden
- Empirische Analyse

⇩

⇨ **III. Untersuchungsauswertung**
- Statistische Beurteilung des Datenmaterials
- Ergebnisdarstellung
- Interpretation der Ergebnisse

[32] Weitere kurzgefasste Darstellungen zum Nachlesen u.a.: Trimmel, Arbeiten, 1997, S. 28 ff. **und** kurz, mit statistischer Ausrichtung Lohse, Empirische Untersuchungen in Diplomarbeiten, in: Engel/Slapnicar, Diplomarbeit, 2003, S. 126 ff.

Beim **Forschungsprozess** sind insbesondere folgende Punkte zu beachten:

- Eine möglichst enge Verbindung zwischen Theorie und Praxis.
- Möglichst genaue Festlegung der zu untersuchenden **Problemstellung**.
- **Konkretisierung** der Arbeitshypothesen und Bestimmung der Grundgesamtheit sowie der Stichprobe für die Erhebung, um repräsentative Ergebnisse zu erhalten. Die Grundgesamtheit sollte dabei möglichst genau begrifflich, zeitlich und räumlich abgegrenzt werden.
- Ist eine **Voruntersuchung** (Pilotphase) erforderlich?
- Eine effiziente **Planung** mit Vorbereitung, Festlegen technisch-organisatorischer Maßnahmen sowie genauen Überlegungen zur Auswertung, um mit möglichst geringem Aufwand wissenschaftliche Erkenntnisse zu erhalten.

4

- Einsatz der geeigneten **Methoden** für die Datengewinnung
  - Bei der **Sekundärerhebung** werden bereits vorhandene Daten und Informationen, die vorher im Zusammenhang mit anderen Erhebungen zusammengestellt wurden, analysiert und interpretiert. Um bei der Arbeit mit diesen Informationen zu gültigen und verläßlichen Ergebnissen zu gelangen, bedarf es vor allem einer sorgfältigen Auswahl und dem kritischen und objektiven Umgang mit dem vielfältigen Angebot der verschiedensten Veröffentlichungen und Informationsquellen.
  - Die Notwendigkeit einer **Primärerhebung** besteht, wenn zu dem zu untersuchenden Forschungsobjekt keine bzw. keine aktuellen Daten zur Verfügung stehen.
- Auswahl der problemadäquaten **Analyseinstrumente**. Die Güte der zu gewinnenden Daten bestimmt maßgeblich die Qualität der Erkenntnisse aus der Untersuchung. Daher müssen die Analyseinstrumente insbesondere folgende Anforderungen erfüllen:
  - Subjektunabhängig: unabhängig von Personen
  - Situationsunabhängig: unabhängig von der Untersuchungssituation
  - Zustandsunabhängig: unabhängig von zufälligen Zuständen.

⇨ D.h., die verwendeten Mess- und Analyseinstrumente müssen

- **objektiv**,
- **reliabel** (zuverlässig) und
- **valide** (gültig) sein!

- Die am meisten verbreiteten **Techniken** lassen sich in drei Kategorien unterteilen (vgl. hierzu Pkt. 4.4 b, S. 68):[33]
  - Befragung (mündlich/schriftlich/telefonisch/Internet)
  - Beobachtung
  - Experiment
- Prüfung, ob der Informationswert der zu gewinnenden Daten dem Niveau der eingesetzten Techniken entspricht.
- Effiziente Gestaltung und Durchführung der empirischen Arbeit gemäß der Untersuchungsplanung.
- Klärung und Festlegung von Kontrollmöglichkeiten bei der statistischen Auswertung des Datenmaterials.
- Zur zahlenmäßigen Aufbereitung der Ergebnisse mit Hilfe statistischer Verfahren sind die Instrumente auszuwählen (z.B. SPSS!).
- Interpretation und kritische Beurteilung der Forschungsergebnisse unter Berücksichtigung der Zielsetzung und der Arbeitshypothesen.
- Ableitung des Erkenntnisgewinnes der empirischen Untersuchung für die Wissenschaftstheorie und ggf. bei einer anwendungsbezogenen Untersuchung auch Ableitung von Empfehlungen für die Praxis.

b. Erhebungstechniken mit Fragebogen und Interview

Von den drei Kategorien der Erhebungstechniken werden wegen ihrer Bedeutung für wissenschaftliche Arbeiten insbesondere die Befragungstechniken exemplarisch erläutert und hinsichtlich ihres Einsatzes beurteilt.

Die schriftliche Befragung mittels **Fragebogen** stellt eine weit verbreitete Erhebungstechnik in zahlreichen Wissenschaftsdisziplinen dar. Um effizient gute Ergebnisse zu erzielen, sind allerdings wesentliche Grundregeln der Entwicklung und Auswertung eines standardisierten Fragebogens zu beachten. Auch sollten vor der Anwendung dieser Erhebungstechnik die Möglichkeiten und Grenzen des Fragebogeneinsatzes bekannt sein. Häufig ist es auch sinnvoll, Erhebungstechniken kombiniert einzusetzen, wie z.B. Fragebogen und Interview.

---

[33] Zum Selbststudium ist ergänzend zu empfehlen: Hüttner/v. Asen/Schwarting, Marketing, 1999; weiterhin: Berekoven/Eckert/Ellenrieder, Marktforschung, 2006; Christof/Pepels, Marktforschung, 1999; Pepels, Käuferverhalten, 1995; Rogge, Marktforschung, 1992; Weis/Steinmetz, Marktforschung, 2005.

- **Hinweise zum Einsatz der Fragebogentechnik**
  - Der Fragebogen muss so aufgebaut sein, dass der Befragte die gestellten Fragen ohne Hilfe eines Dritten ohne weiteres beantworten kann.
  - Die **Formulierung** sollte folgenden Anforderungen genügen:
    - **Einfache** und **kurze** Fragestellung, die sich jeweils auf nur ein Untersuchungsmerkmal bezieht.
    - **Eindeutigkeit** (präzise, logisch, klar formuliert) und Interpretationsmöglichkeiten ausschließend.
    - **Fremdwörter**, **Fachbegriffe** und auch **Abkürzungen** sind möglichst zu **vermeiden** bzw. in Abhängigkeit der Adressaten zu **erklären**.
    - **Neutralität** beachten, d.h. keine wertenden oder Suggestivfragen.
  - Die Fragen haben bestimmte **Funktionen** innerhalb des Fragebogens:
    - **Sachfragen** als wesentlicher Bestandteil.
    - **Kontaktfragen**, um Interesse zu wecken und die Befragten zur Beantwortung zu motivieren, z.B. am Anfang des Fragebogens.
    - **Pufferfragen** zwischen einzelnen Sachverhalten dienen ggf. ebenfalls zur Motivierung der Befragten.
    - **Kontrollfragen**, um die Aufrichtigkeit bzw. Aufmerksamkeit der Befragten beim Beantworten des Fragebogens zu überprüfen.
  - Festlegung der **Art der Fragen**
    - **Geschlossene Fragen** mit vorgegebenen Antwortalternativen. Sie eignen sich insbesondere für die Abfrage exakter Angaben und erleichtern die Datenerfassung und -auswertung mittels EDV (vgl. Beispiel für die Gestaltung geschlossener ordinal skalierter Fragen).
    - **Offene Fragen** mit freien Antworten, die der Befragte selbst formulieren muss.
    - **Kombination** der beiden Varianten. Häufig empfehlenswert!
  - Der **Umfang** des Fragebogens sollte nicht zu lang sein (möglichst nicht mehr als vier Seiten), um eine hohe Beteiligung bzw. Rücklaufquote (Responsequote) zu erzielen.
  - **Prüfpunkte** zur Entwicklung eines standardisierten Fragebogens:
    - Hinweise zum **Ablauf eines Forschungsprozesses** (vgl. 4.4 0, S. 66).
    - Eine **Itemanalyse**, die insbesondere die effiziente Erstellung, Auswahl und Anordnung von Fragen beurteilt und die Untersuchungsinhalte anhand von Kriterien wie Reliabilität und Validität prüft.

- **Pretests** zum Abschluß, um eine praxisgerechte Beurteilung der Gesamtkonzeption zu erhalten.
- **Information der Befragten** (ggf. durch Begleitschreiben!) über Ziele und wesentliche Inhalte des Fragebogens. Angebot einer zusammenfassenden Ergebnisdarstellung bei Teilnahme an der Erhebung.
- Fragebogen **nicht als Infopost** versenden, da sonst die Gefahr der Verwechslung mit einer Postwurfsendung besteht.
- Festlegung einer angemessenen **Frist zur Beantwortung und Rückgabe** des Fragebogens. Ggf. Nachfassaktion einplanen und Möglichkeit einer Rückfrage für Teilnehmer schaffen (Kontakttelefon!).

• **Hinweise zur Fragebogenauswertung**

◦ **Beginn der Auswertung**, wenn die Frist zur Rücksendung der Fragebogen abgelaufen ist und ein repräsentativer Rücklauf vorliegt. Ggf. ist eine Terminverlängerung und/oder ein schriftliches bzw. ein telefonisches Nachfassen erforderlich!

◦ Die Daten sollten gerade bei umfangreichen Erhebungen laufend nach Eingang **erfasst** und mit Hilfe eines PC ausgewertet werden.

◦ Bei der Auswertung von Fragebögen ggf. **Prognoseverfahren** zur Datenanalyse einsetzen, um aussagefähigere Ergebnisse zu erhalten.

◦ Zur **Darstellung** sollten Dokumentationstechniken wie z.B. Tabellen und Graphiken im Textteil bzw. in der Anlage der Arbeit eingesetzt werden. Bei umfangreichen Ergebnissen erfolgt eine Zusammenfassung im Textteil und eine ausführliche Darstellung sowie Datenauswertung und -analyse als Anlage.

⇨ Wir empfehlen, bei Datenauswertung, -analyse und Dokumentation immer einen direkten Bezug zwischen Textteil und Anlage(n) herzustellen!

• **Vorteile und Grenzen der Fragebogentechnik**

☺ **Hauptvorteile einer schriftlichen Befragung (Fragebogen)**

Bei guten Fragebögen benötigt der Befragte keine Hilfe eines Dritten.

- Vergleichsweise geringere Kosten, da beispielsweise keine Interviewzeiten anfallen. Die Anwendung ist daher bei geographisch verstreuten Erhebungseinheiten sinnvoll!
- Das Versenden von Fragebögen erhöht die Erreichbarkeit und damit die Teilnahme von Auskunftspersonen an der Befragung.

- Innerhalb der Frist zur Beantwortung können die Auskunftspersonen selbst den Zeitpunkt der Beantwortung wählen und auch bei Zeitmangel die Bearbeitung unterbrechen und später wieder aufnehmen.
- Bei Zusicherung der Anonymität der Auskunftspersonen bzw. der Unternehmen kann die Auskunftsbereitschaft erhöht werden.
- Ein Einfluss der Interviewer wie z.B. bei der mündlichen Befragung kann ausgeschlossen werden.

☹ **Wesentliche Grenzen einer schriftlichen Befragung (Fragebogen)**

- Geringere Antwortquote gegenüber einer mündlichen Befragung.
- Der Umfang des Fragebogens ist begrenzt.
- Fehlinterpretationen möglich durch falsch verstandene Sachverhalte, die ggf. zu einer Falsch- bzw. Nichtbeantwortung führen und somit die Repräsentativität der Erhebung gefährden können.
- Nicht nachvollziehbar ist, in welcher Reihenfolge die Beantwortung des Fragebogens erfolgte und ob dieser von der Zielperson oder von einem Dritten ausgefüllt wurde.
- Relativ aufwendige Auswertung von offenen Fragen.

4

- **Hinweise zum Einsatz der Interviewtechnik**
  - Ein **Katalog** der benötigten **Informationen** ist erforderlich.
  - Geeignete und verfügbare **Gesprächspartner** auswählen.
  - Bei Vereinbarung eines Gesprächstermins unaufgeforderte **Information** des Interviewpartners über Interviewzweck, Themenbereich und voraussichtliche Dauer des Gesprächs.
  - Erstellen eines **Interviewplanes** für den Ablauf
    1. **Einführungsphase** ('weiche' Phase)
       · Aufbau einer positiven Gesprächsatmosphäre
       · Ziele und Aufgaben erläutern
    2. **Befragungsphase** ('neutrale' Phase)
       Diese Phase erfordert das 'neutrale' Interview.
       · Sammeln aller notwendigen sachzielorientierten Informationen wie:
         - Erhebungs-Inhalte
         - Interdependenzen zu anderen Bereichen
         - Lösungsvorstellungen des Befragten
       · Zusammenfassung von Zwischen- und Gesamtergebnis

Darst. 20: Beispiel für einen Fragebogen (Auszug)

Wie zufrieden sind Sie im allgemeinen mit der Kundenorientierung der Kreditinstitute gegenüber Privatkunden? Bitte kreuzen Sie entsprechend Ihrer Zufriedenheit einen der fünf Skalenpunkte an.

Sehr zufrieden — gar nicht zufrieden

1 2 3 4 5

O — O — O — O — O

Und wie zufrieden sind Sie mit der Kundenorientierung Ihrer Bank Ihnen gegenüber?

Sehr zufrieden — gar nicht zufrieden

1 2 3 4 5

O — O — O — O — O

Wie wichtig sind für Sie folgende Kriterien bei der Wahl einer Bank? Bitte kreuzen Sie entsprechend der Wichtigkeit der Kriterien jeweils einen der fünf Skalenpunkte an.

	sehr wichtig 1	2	3	4	unwichtig 5
Räumliche Erreichbarkeit	O	O	O	O	O
Technische Erreichbarkeit (z.B. über Telefon, Fax, PC usw.)	O	O	O	O	O
Überregionale Tätigkeit des Kreditinstitutes	O	O	O	O	O
Öffnungszeiten	O	O	O	O	O
Kurze Wartezeiten	O	O	O	O	O
Sicherheit der Einlagen	O	O	O	O	O
Diskretion	O	O	O	O	O
Räumlichkeiten / Einrichtung	O	O	O	O	O
Image der Bank	O	O	O	O	O
Zertifizierung der Bank (nach DIN EN ISO 9001)	O	O	O	O	O
Schnelle Reaktion auf Beschwerden	O	O	O	O	O
Freundlichkeit der Mitarbeiter	O	O	O	O	O
Engagement der Mitarbeiter	O	O	O	O	O
Umfassender Telefonservice	O	O	O	O	O
Fachliche Kompetenz der Mitarbeiter	O	O	O	O	O
Individuelle Beratung und Problemlösungsfähigkeit	O	O	O	O	O
Vertrauen zum Kundenbetreuer	O	O	O	O	O
Persönliche Bekanntheit des Kundenbetreuers	O	O	O	O	O
Verständliche Darstellung von Produkten und Dienstleistungen	O	O	O	O	O
Schnelle Kreditentscheidungen	O	O	O	O	O
Schnelle und zuverlässige Abwicklung von Geschäftsvorfällen	O	O	O	O	O
Beratung außerhalb der Geschäftszeiten (z.B. durch Außendienst)	O	O	O	O	O
Umfassendes Produktangebot	O	O	O	O	O
Umfassendes Dienstleistungsangebot	O	O	O	O	O
Nutzung fortschrittlicher Technologien	O	O	O	O	O
Innovative Produkte (unter anderem Derivate)	O	O	O	O	O
Aktive Information über neue Produkte und Dienstleistungen	O	O	O	O	O
Aktive Information über Gesetzesänderungen (und deren Auswirkungen)	O	O	O	O	O
Informationsveranstaltungen	O	O	O	O	O
Günstige Preise und Zinskonditionen	O	O	O	O	O
Werbung	O	O	O	O	O

3. **Schlußphase** ('weiche' Phase)
   - Ziele und weitere Vorgehensweise offenlegen
   - Ggf. zu weiterer Kooperationsbereitschaft motivieren

- Festlegen der **Gesprächsform**, die im Interview angewandt werden soll:
  - **standardisiertes** Interview
    An Hand eines Fragebogens, der mit dem Befragten ausgefüllt wird.
  - **halbstandardisiertes** Interview
    Teilweise standardisiert, teilweise nicht standardisiert.
  - **nichtstandardisiertes** Interview
    Lediglich an Hand eines stichwortartigen Interviewleitfadens.

- Festlegen der **Gesprächsart**
  - **'weiches'** Interview
    - gekennzeichnet durch angenehme Gesprächsatmosphäre
    - Befragter kann und soll sich profilieren
    - Gesprächsführung i.d.R. wenig sachzielorientiert
  - **'hartes'** Interview
    - fast eine Verhörsituation des Befragten
      daher für wissenschaftliche Arbeiten ungeeignet!
  - **'neutrales'** Interview
    - sehr sachzielorientiert
    - freundlich und gleichzeitig zurückhaltend zum Befragten
    - keine eigenen Stellungnahmen seitens des Interviewers
      am besten für wissenschaftliche Arbeiten geeignet!

- **Hinweise zur Interviewauswertung**
  - Auswertung möglichst bald nach dem geführten Gespräch, da die Erinnerung dann noch frisch ist.
  - Zur **Darstellung** sollten Dokumentationstechniken wie z.B. Tabellen und Graphiken im Textteil bzw. in der Anlage der Arbeit eingesetzt werden.
    Bei umfangreichen Ergebnissen erfolgt eine Zusammenfassung im Textteil und eine ausführliche Darstellung der schriftlichen Befragung sowie der Datenauswertung und -analyse als Anlage.

⇨ Wir empfehlen, bei der Dokumentation der Erhebung immer einen direkten Bezug zwischen Textteil und Anlage(n) herzustellen!

- **Vorteile und Grenzen der Interviewtechnik**

☺ **Hauptvorteile einer mündlichen Befragung (Interview)**

- Hohe Wahrscheinlichkeit, den Ist-Zustand zu erheben
- Anpassung an die Befragungssituation und Vertiefung bzw. Ergänzung einzelner Aspekte möglich
- Erfassung von Zusammenhängen und Abhängigkeiten gut möglich
- Direkte Motivation des Befragten in der Befragung möglich
- Jederzeitige Kontrollierbarkeit der Befragungssituation

☹ **Wesentliche Grenzen einer mündlichen Befragung (Interview)**

- zeitaufwendiges Verfahren (Zeitaspekt)
- Belastung von Interviewer und Interviewten (Kostenaspekt)
- Beeinflussbarkeit durch den Interviewer (Inhaltsaspekt)

5. Gliederung und Themenbehandlung

Wie komme ich von meinen Ideen und Literaturquellen zu einem gegliederten Text?

5.1 Gliederung

Was ist eine Gliederung und welche Anforderungen werden an sie gestellt?

Eine wissenschaftliche Arbeit ist ein auf ein Ziel gerichtetes System[34] von Gedanken und Formulierungen.

- Die **Grobstruktur** der Gedanken wird in der Gliederung festgelegt,
- die **Feinstruktur** besteht aus der Gedankenfolge in **Absätzen, Sätzen und Formulierungen** (vgl. dazu Kap. 5.2, S. 80).
- Grob- und Feinstruktur ergeben zusammen den berühmten **'roten Faden'**.

Die Gliederung ist (nur) ein **Teil des Inhaltsverzeichnisses** (s. Darst. 25).

a. Methoden für Gliederung und Argumentation

Wesentliche Anforderungen an wissenschaftliche Arbeiten sind die Prinzipien der Systematik in Gliederung, Vorgehensweise und Gedankenfolge. Sie sind Voraussetzungen für qualitativ gute Ergebnisse, für Verständlichkeit und Nachvollziehbarkeit.

Die folgenden wichtigsten Methoden werden sowohl beim Gliedern als auch in der Feinstruktur der Argumentation (Kap. 5.2) eingesetzt.

- **Deduktive Methode**

  Die Argumentation geht vom Allgemeinen (übergeordneten) zum Speziellen (Detail), vom Modell zu logischen Einzelaussagen.

- **Induktive Methode**

  Die Argumentation geht vom Speziellen (Detail) zum Allgemeinen (übergeordneten). D.h., aus Beobachtungen oder Versuchen werden typische Erscheinungen bzw. allgemein gültige Folgerungen abgeleitet.

---

[34] Als System werden miteinander zusammenhängende Elemente bezeichnet.

- **Kausale Methode**

  Bei dieser Methode werden Ursachen und ihre Wirkungen untersucht und ggf. mit einem Modell systematisiert. Dabei kann entweder von den Ursachen oder den Wirkungen ausgegangen werden.

- **Dialektische Methode**

  Die Argumentation geht in drei Hauptschritten vor:
  These – Antithese – Synthese.

- **Vergleichende Methode**

  Mit dieser Methode werden zwei oder mehr Untersuchungsgegenstände nach verschiedenen Kriterien untersucht und verglichen. Der Schreiber steht vor der Frage, ob er sein Vorgehen in der ersten Stufe nach den Objekten oder den Kriterien gliedert.

  Der **Vergleich nach Objekten** bietet sich an, wenn große Unterschiede bestehen. Dabei wird erst Objekt 1 nach den verschiedenen Kriterien untersucht, danach Objekt 2. Die Gemeinsamkeiten und Unterschiede werden dann in einem dritten Schritt zusammengefasst.

  Der **Vergleich nach Kriterien** bietet sich an, wenn weniger Unterschiede bestehen. Dabei wird erst Kriterium 1 bei beiden Objekten untersucht und dargestellt, danach Kriterium 2. Die Gemeinsamkeiten und Unterschiede werden dann zwar auch in einem dritten Schritt zusammengefasst, enthalten aber wegen geringerer Unterschiede weniger Wiederholungen.

Bsp.: Vergleich Deutschland Frankreich

nach Objekten	*nach Kriterien*
Deutschland	*Bevölkerung*
- Bevölkerung	*- Deutschland*
- Wirtschaft	*- Frankreich*
- Kultur	*Wirtschaft*
Frankreich	*- Deutschland*
- Bevölkerung	*- Frankreich*
- Wirtschaft	*Kultur*
- Kultur	*- Deutschland*
...	*- Frankreich*
Zusammenfassung	*Zusammenfassung*

Im Hauptteil der Arbeit sollte zwar möglichst durchgängig nur eine dieser Methoden angewendet werden, meist ist zwischen verschiedenen Kapiteln aber auch ein Methodenwechsel erforderlich.

b. Inhalt

Die Gliederung enthält nur den Textteil der Arbeit (vom Einleitungsteil bis zum Schlussteil).

Bereits die Gliederung soll übersichtlich zeigen, in welcher Weise das Thema verstanden und bearbeitet wurde.

☺ Sie hat deshalb den **logischen Aufbau** der Arbeit aussagefähig und verständlich nachzuweisen (roter Faden),

☹ aber nicht in kleinste Einheiten unübersichtlich zu 'atomisieren' oder

☹ im Unverbindlichen (*z.B. Einleitung, Hauptteil, Schluss*) zu bleiben.

c. Tiefe und Form

Eine klare, folgerichtige, systematische und in sich geschlossene Gedankenführung erfordert eine **logisch einwandfreie** Gliederung mit Neben- und Unterpunkten.

- Das erfordert die hierarchische Einstufung der einzelnen Abschnitte (1., 2., 3. Gliederungsebene) nach der Bedeutung und dem Gewicht ihres Inhalts für die Arbeit.

  Das heißt aber auch: Gliederungspunkte auf **derselben Ebene** müssen inhaltlich den **gleichen Rang** einnehmen.

- Die Gliederung soll **'ausgewogen'** sein, d.h. die einzelnen Punkte, Unterpunkte und ihre Anzahl sollen ihrer Bedeutung für das Thema entsprechen und tendenziell entsprechend ihrer hierarchischen Stellung etwa gleiche Größe erreichen.

- Zu **tiefe Untergliederungen** sind im Interesse der Übersichtlichkeit zu **vermeiden**.
  (Faustformel für Extremwerte: Textumfang je Gliederungspunkt zwischen ca. 0,5 und 2 Seiten.)

- **Mehr als drei Gliederungsebenen** werden bei numerischer Klassifikation unübersichtlich und sind schwer zu erfassen und zu behalten, beispielsweise bei Querverweisen.
  Bsp.: (s. Pkte. 4.1.3.5 und 3.2.4.1)

d. Untergliederung

Die Untergliederung muss das Thema nach **zweckmäßigen Kriterien** in Teilfragen zerlegen (immer orientiert an Inhalt und Problemstellung).

- Unterpunkte müssen den Oberpunkt nach einem **gemeinsamen Kriterium** aufschlüsseln und von einer gemeinsamen, übergeordneten **Problemstellung** (Oberpunkt) ausgehen.
- Untergliederungen müssen den übergeordneten Punkt **vollständig klären**/*abdecken*, nicht nur willkürliche Teilaspekte.
- Einem Unterpunkt 1.1 (oder a.) **muss logisch**erweise mindestens ein weiterer Punkt 1.2 (oder b.) folgen. („*Wer A sagt, muss auch B sagen.*“). Anders gesagt:

  Jeder unterteilte Gliederungspunkt muss mindestens zwei Unterpunkte erhalten!!

Bsp.:

☹	☺
4. Instrumente	*4. Instrumente*
4.1 Methoden	*4.1 Methoden*
	4.2 Mittel

e. Formulierung der Gliederungspunkte

Jede Überschrift soll den darunter folgenden Inhalt möglichst *knapp* und *aussagekräftig, d.h. eindeutig, genau, treffend, vollständig* und *schnell verständlich* wiedergeben.

- Die Formulierung erfolgt in sogenannter substantivierter Form (daher auch keine Satzzeichen wie Punkt, Fragezeichen oder Ausrufungszeichen am Textende).
  Keine vollständigen Sätze, schon gar **keine Fragen/Fragesätze**! Eine rein schlagwortartige Formulierung ist meistens aber auch unzureichend.
- Unterpunkte sollen keine reine Wiederholung des Oberpunktes sein. Versuchen Sie, eine passendere Überschrift zu finden.

Bsp.:

☹	☺
4. Methoden und Mittel	*4. Instrumente*
4.1 Methoden	*4.1 Methoden*
4.2 Mittel	*4.2 Mittel*

f. Formale Klassifikation (Nummerierung)

Die Klassifikation ist die Nummerierung der Teile einer Gliederung (vgl. Darst. 25, S. 106).

Die Aufgabe des Nummerierungssystems ist es, die Struktur einer Arbeit leichter überschaubar zu machen.

- Die Nummerierung gilt **nur** für den **Gliederungsteil**, d.h. den Ausführungs- bzw. Textteil der Arbeit.
- **Keine Klassifikationsnummer** erhalten alle anderen Bestandteile des Inhaltsverzeichnisses, wie die Vor- und Nachtexte:
  - Vorbemerkung / Vorwort
  - Abstract
  - alle Verzeichnisse
  - Anhang
  - Versicherung

  Sie werden ohne Nummerierung linksbündig geschrieben.
- Es gibt keine festen Regeln für die Nummerierung.
- Wir empfehlen die **dekadische/numerische Klassifikation** – z.B. wie im Inhaltsverzeichnis dieses Buches.

  Bei tieferer Untergliederung (mehr als 3 - 4 Ebenen) kann die letzte Gliederungsebene mit „a., b.,..." bezeichnet werden, um die Übersichtlichkeit zu erhöhen.
- Die **alpha-numerische Klassifikation** – ggf. erweitert um 'Teile', 'Kapitel', 'Abschnitte' – ergibt nur bei umfangreicheren Werken eine bessere Übersicht und damit auch einen Sinn. Sie wird allerdings in einigen Disziplinen trotzdem (noch) bevorzugt.

  Bsp.: *A.*
  I.
  1.
  a.
  aa *oder* *aa* *oder* *α*
  ab *bb* *β*
- Nach DIN[35] gehört hinter die letzte Ziffer einer Nummer kein Punkt (z.B.: 3.2).
  Aus lesetechnischen und optischen Gründen wird der Punkt jedoch hinter einstelligen Nummern empfohlen (z.B.: 2**.** – aber 2.1).

---

[35] Deutsches Institut für Normung e.V., Berlin.

5.2 Ausführungen zum Thema / Text der Arbeit

Die Anforderungen an den Textteil der Arbeit sind äußerst vielfältig und komplex und sind abhängig von der Themenstellung. Sie sollen Ihnen deshalb zunächst einmal in komprimierter Form dargestellt werden:

Darst. 21: Anforderungen an den Textteil der Arbeit

Vorgehensweise	**Ergebnisse**	**Darstellung**
vollständig	relevant	nachvollziehbar
systematisch, methodisch	neu	überzeugend
logisch, richtig [36]	richtig	leicht verständlich
nachvollziehbar/überprüfbar	überprüfbar	formal richtig
kritisch	nützlich	angemessen
selbständig und literaturbasiert		

Die Ausführungen zum Thema bestehen aus drei – unterschiedlich umfangreichen – Hauptabschnitten:

a. Einleitungsteil
b. Hauptteil (Behandlung des Themas)
c. Schlussteil

a. Einleitungsteil

- Jede Arbeit erfordert einen einleitenden Abschnitt, der neben den u.g. Aufgaben auch die Funktion hat, den Leser für die Arbeit zu interessieren.
- Der einleitende Abschnitt kann, muss aber nicht „Einleitung" genannt werden.
- Die Einleitung kann auch untergliedert werden.

[36] Ein eher negatives Beispiel liefert *Theisen,* Arbeiten, 2005 (lt. eigenem Vorwort "... von der ersten bis zur letzten Seite ein **Musterband**.", S. XXI): So finden sich auf S. 98, FN 3 und S. 259 besonders 'freundliche' Äußerungen, die sich zwischen unbelegt pauschal bis hin zu 'nicht richtig' bewegen.

- Der Einleitungsteil soll im Gegensatz zum Vorwort **sachliche** Ausführungen zum **Inhalt** der Arbeit enthalten wie:
  - **Hinführung zum Thema**:
    Hintergründe, Geschichte, Begründung der Aktualität des Themas, Einordnung in einen größeren Rahmen und Bezug zum Fachgebiet und Forschungsumfeld.
  - **Gegenstand und Ziel der Arbeit, Problemstellung, leitende Fragestellungen**:
    Jede (wissenschaftliche) Arbeit muss zwingend von Anfang an ihr Untersuchungsziel und ihre Bedeutung deutlich machen.
    Bei umfangreicheren Arbeiten wie Abschlussarbeiten wird dies i.d.R. durch eine das Thema verdeutlichende eindeutige Formulierung der Fragestellung/Problemstellung im Einleitungsteil erfolgen.[37]
  - **Abgrenzungen, Eingrenzungen**
    der behandelten Fragen und deren Begründung.
  - **Methodische Vorgehensweise / Gang der Untersuchung**
    (in Sonderfällen auch als Hauptteil wie z.B. bei empirischen und juristischen Arbeiten).
  - **Aufbau** und **Argumentationslinie**
    der Arbeit bis hin zu einem kommentierenden Überblick über die folgende Arbeit.
  - **Begriffsabgrenzung**en bzw. **-klärungen**,
    die zum Verständnis des Themas und der Gesamtarbeit erforderlich sind (insbesondere die im Thema enthaltenen Begriffe).

    Definitionen und Begriffserläuterungen, die nur für einzelne Abschnitte wichtig sind, sollen auch erst in den entsprechenden Kapiteln erklärt werden.

    Die grundlegenden Begriffe müssen im Sinne der Themenbearbeitung sinnvoll definiert werden. Sie sind dann in der Arbeit durchgängig in der definierten Bedeutung zu verwenden.
  - Evtl. **Herkunft der Quellen**.

- Um diesen Ansprüchen zu genügen, sollte der Einleitungsteil erst nach Fertigstellung der Arbeit **endgültig** formuliert werden. Es empfiehlt sich jedoch, die Einleitung ebenso wie die Gliederung bereits zu Beginn der Themenbearbeitung grob zu skizzieren und im Verlauf der Arbeit zu verfeinern.

5

---

[37] Vgl. Bänsch, Arbeiten, 2003, S. 1 f.

b. Hauptteil / Behandlung des Themas

Im Hauptteil werden das Thema und die im einleitenden Abschnitt formulierte und eingegrenzte Fragestellung in Breite und Tiefe systematisch, vollständig, nachvollziehbar und richtig behandelt.

- **Darstellung aller notwendigen Schritte und Erläuterungen**, d.h.
  - **Einordnung des Themas**
    Eine wesentliche Anforderung an wissenschaftliche Arbeiten besteht auch darin, das Thema bzw. die Fragestellung sowie die Vorgehensweise und die Ergebnisse in den Wissensstand des Fachgebietes einzuordnen.
  - **Vollständigkeit** der Behandlung
    Alle Aspekte der Fragestellung des Themas müssen behandelt werden.

    Mit entscheidend für die Auswahl der darzustellenden Einzelheiten ist das Anspruchsniveau der jeweiligen Arbeit, wie z.B. Grundstudium, Hauptstudium, Bachelorthesis, Diplomarbeit, Magisterarbeit, Masterthesis. Davon abhängig können unterschiedliche Begriffe und Zusammenhänge vorausgesetzt werden. Diese sollten dann nur in einem für das Verständnis erforderlichen Umfang dargestellt werden. Aber keine Ausflüchte wie „Um den Rahmen der Arbeit nicht zu sprengen, ...“.
  - **Geschlossenheit** des Textes
    Die Ausführungen müssen ohne das Lesen der Fußnoten und eventueller Anlagen voll verständlich sein.

- **In einer lückenlosen Argumentations- und Beweis-/Belegkette**

  Durch das unumgängliche Lesen der Fachliteratur werden Sie das notwendige Wissen zu Ihrem Thema erlangen und beispielhaft die Art und Weise wissenschaftlichen Argumentierens erfahren. Mit einiger Übung können Sie daraus Ihren eigenen Stil entwickeln.

  Generell hat bei der Themenbehandlung die Beantwortung einer Frage bzw. der Beweis einer (Arbeits-) Hypothese zu erfolgen. Und zwar durch eine lückenlose Gedanken- und Argumentationskette mit 'Beweischarakter' schlüssig und für den Leser nachvollziehbar.

  In diesen Gedankenketten können folgende Elemente enthalten sein:
  - **Gesicherte Grundlagen** (des Themas/des Fachgebiets), aber bitte aus anerkannten Fach- bzw. Lehrbüchern und nicht aus Lexika oder irgendwelchen Internet-Seiten!

  - **Arbeitshypothesen** mit noch zu beweisenden Aussagen über (vermutete) Zusammenhänge.
  - **Modelle** (wie z.B. das Preis-Absatz-Modell).
  - **Methoden** des Fachgebiets, die anerkannt und für das Thema geeignet sind.
  - **Voraussetzungen, Einschränkungen** (der Modelle, Methoden, Vorgehensweisen).
  - **Versuche, Beobachtungen, Simulationen, Umfragen** (Methoden, Beschreibungen, Durchführung, Ergebnisse, Auswertung).
  - **kritische Bewertung** der erarbeiteten Erkenntnisse.
  - **Folgerungen** aus den gewonnenen Erkenntnissen.

  ☹ Keine 'Ausflüge' in 'interessante' Rand- und Nebenbereiche.

  ☹ Diese Anforderungen verbieten auch **Scheinargumente** der Art: „Wie leicht ersichtlich ...“ und „Wie nicht näher ausgeführt werden muss ...“.

5

- **In einer themengerechten Reihenfolge**
  - Struktur und Inhalt des Hauptteils sind so stark von der jeweiligen Themenstellung abhängig, dass keine allgemeinen Regeln dafür aufgestellt werden können.
  - Die **Argumentation** muss jedoch einer thematisch logischen Folge entsprechen und
  - die Reihenfolge soll **Wiederholungen** ausschließen.

- **In einer systematischen und methodischen Form**

  Von einer wissenschaftlichen Arbeit wird mindestens verlangt, dass sie eine systematische Bearbeitung und Darstellung des Themas im Rahmen des Ausbildungsstandes des Verfassers liefert, d.h. den Nachweis einer wissenschaftlichen Vorgehensweise erbringt. Besser ist es und wird so ab Diplomarbeiten bzw. Masterthesis auch erwartet, dass die Ergebnisse der Arbeit einen wissenschaftlichen Neuigkeitswert darstellen.

  Dabei muss sich die Systematik der Gliederung in den Ausführungen fortsetzen. Nur eine systematische Vorgehensweise sichert auch die Nachvollziehbarkeit der Untersuchung, die Qualität ihrer Ergebnisse und ihre Nachprüfbarkeit.

- **Logisch und richtig**

  Ihre Argumentation, die Begründungen und Schlussfolgerungen sind logisch, richtig und vollständig zu entwickeln.

  Jede Aussage, auch eine zitierte, muss richtig sein. Als Maßstab gilt, dass sie der Schreiber mit dem von ihm zu erwartenden Fachwissen und logischen Denkvermögen als falsch hätte erkennen müssen.

  Seien Sie kritisch! Auch in Publikationen von renommierten Autoren in bekannten Fachverlagen finden sich z.T. (bei aufmerksamem Lesen erkennbar) unrichtige Aussagen.

- **Relevant**

  Erwartet wird eine klare Darstellung von Phänomenen, ihren Ursachen, Zusammenhängen und Folgen, sowie die Diskussion und ggf. Klärung von theoretischen Fragen bzw. anwendungsorientierten Problemen. Eine alleinige Aufzählung von Tatbeständen ist keinesfalls ausreichend.

  Prüffragen: *Warum ist die Frage und deren Beantwortung für den Leser interessant?*
  Worin liegt der Erkenntnisfortschritt?

- **Nachvollziehbar und überprüfbar**

  Ihre Argumentation, die Begründungen und Schlussfolgerungen müssen nachvollziehbar und überprüfbar dargestellt werden.

  Prüffragen: *Welche Prämissen liegen den Aussagen zugrunde?*
  Wie sind die Aussagen zustande gekommen?
  Unter welchen Bedingungen gelten sie?

- **Selbständig**

  Die Bearbeitung Ihres Themas soll eigenständig erfolgen. Das bedeutet auch die Ableitung und Formulierung von eigenen Erkenntnissen, Schlussfolgerungen und Beurteilungen! Allerdings sollten Sie zuerst einen Sachverhalt analytisch durcharbeiten und erst auf dieser Grundlage argumentieren und bewerten.

- **Literaturbasiert**

  Die eigenständige Bearbeitung Ihres Themas soll unter Zuhilfenahme der Fachliteratur erfolgen. Das Verarbeiten der Fachliteratur darf sich daher nicht in einer Aufzählung oder Aneinanderreihung von Literaturstellen erschöpfen.

Die Ausführungen müssen den aktuellen Stand der betreffenden Wissenschaft und deren Forschung bezüglich des Themas kritisch berücksichtigen.

Erwartet wird, dass auf der Basis von sorgfältig ausgesuchten relevanten Aussagen der Fachliteratur ein Wissensfortschritt erzielt wird. Dieser kann auch in einer Aufarbeitung und systematischen Darstellung des aktuellen Wissensstandes bestehen.

Disterer nennt ein gut brauchbares Kriterium für die Qualität einer Arbeit:

> Wenn der Leser oder Prüfer mit angemessenem Suchaufwand in der zugänglichen Literatur eine bessere Darstellung findet, hat der Verfasser der Arbeit das aktuelle Basiswissen nicht ausreichend aufgearbeitet.[38]

5

Bei der Auswertung der Fachliteratur ist zumindest die wichtigste **Literatur zu verarbeiten** und zu diskutieren. Das heißt u.a.:

- erklären
- zusammenfassen
- in Zusammenhänge einordnen, Bezüge zu anderen Aussagen
- prüfen, bewerten, kritisieren
  (Vor- und Nachteile, Widersprüche, Probleme)
- verwerfen
- ergänzen
- übernehmen
- vergleichen
- verbinden
- gegenüberstellen
- Übersichten erstellen
- Leitgedanken formulieren
- zeitlich/theoretisch/ideologisch/methodisch einschätzen
- auf praktische Fälle anwenden

• Eine **Kennzeichnung der eigenen Meinung** z.B. durch „m.E.“ (meines Erachtens) sollten Sie nur benutzen, wenn dies besonders betont werden soll.

  Vermeiden Sie auch die 'Ich-' oder 'Wir-Form'.

[38] Vgl. Disterer, Studienarbeiten, 2003, S. 39.

- Die einzelnen Abschnitte der Arbeit (Gliederungspunkte, Absätze) sollten durch **geeignete Übergänge** verbunden werden.

  Empfehlenswert ist, zwischen den über- und untergeordneten Gliederungspunkten einen Übergangstext einzuschieben, der die Beziehung zwischen den Punkten herstellt bzw. die folgende Unterteilung des Gliederungspunktes erläutert.

- **Zusammenfassungen** am Ende von Kapiteln

  Meistens ist es erwünscht und sinnvoll, am Ende größerer Kapitel kurze Zusammenfassungen vorzunehmen.

c. Schlussteil

- Jede Arbeit sollte schon aus bewährten rhetorischen Gründen mit einem schließenden Abschnitt enden.[39]
- In diesem Schlussteil können (je nach Prüfer) zusammenfassend die im Hauptteil erarbeiteten Antworten/Ergebnisse (und nur diese!) bezüglich der im Einleitungsteil formulierten Fragen dargestellt werden. Dabei ist auf einen exakten Abgleich der Fragen und Antworten zu achten und darauf, dass keine reine Wiederholung der im Hauptteil ausgeführten Ergebnisse erfolgt.
- Wichtig ist auch eine abschließende kritische Würdigung inklusive des Aufzeigens noch offener Fragestellungen für Theorie und Praxis.
- In jedem Fall können aber ein Ausblick oder weitere Perspektiven des Themas dargestellt werden.
- Je nach Inhalt: Benennung als sachliche Überschrift wie z.B.: *Zusammenfassung, Ergebnis(se), Perspektiven oder Ausblick*, aber **nicht** *Schluss* oder *Schlussteil* oder *Schluss......*

---

[39] Anderer Meinung: Theisen, Arbeiten, 2005, S. 134, der „das Erfordernis eines **Schlußwortes** oder einer **Zusammenfassung**" vom Aufbau der Arbeit bzw. dem Autor bzw. Betreuer abhängig sieht.

d. Überschriften im Text

- Nummerierte Überschriften (mit Klassifikationsnummern) müssen mit der Formulierung im Inhaltsverzeichnis identisch sein.
- Hinter Überschriften stehen **keine Satzzeichen**.
- Überschriften können entsprechend ihrer Bedeutung **optisch hervorgehoben** werden (aber keine Unterstreichung). **Unterstreichungen** sind sowohl im Inhaltsverzeichnis als auch im sonstigen Text weitgehend zu vermeiden, da sie die Lesbarkeit meistens verschlechtern.

Möglichkeiten der **Hervorhebung** von Schrift

geeignet	**weniger geeignet**	**nicht geeignet**
Schriftgröße	Kapitälchen	Unterstreichung
fett (bold)	Großschrift	gesperrt
kursiv (italic)		

Die Eignung orientiert sich an der Lesbarkeit (vergleichen Sie dazu einmal die Schrift von Wegweisern an Straßen).

e. Gesamteindruck

Bemühen Sie sich, die Seiten attraktiv zu gestalten und ihre Struktur und das Erscheinungsbild zu variieren. Zu dichte, gedrängte Schreibweise und zu lange Absätze entmutigen den Leser, ein zu breit auseinandergezogenes Druckbild ist dagegen schwer zu erfassen.

Wechseln Sie aber niemals in einer Arbeit den Stil. Egal, ob bei den Nummerierungen oder den Fußnotenformaten.

Und denken Sie daran, dass es äußerst unterschiedliche Auffassungen zu einem 'richtigen' Gesamteindruck gibt. Was den einen Prüfer erfreut, kann bei einem anderen höchsten Unmut erzeugen. Hier hilft nur: Kundig machen.

f. Absätze

- Jedem Gliederungspunkt, der noch weitere Unterpunkte enthält, kann (noch vor dem ersten Unterpunkt) ein kurzer Text folgen, der die Aufgabe dieses Kapitels in der Arbeit und/oder eine Überleitung zu den weiteren Unterpunkten enthält. Vergleiche auch den Text zwischen Pkt. 6 und 6.1 auf S. 95.
- Innerhalb der Gliederungspunkte ist die Gliederung der Gedanken fortzusetzen, indem die Ausführungen durch Absätze sinnvoll unterteilt werden.

> - Jeder **Satz** enthält eine **Aussage**
> - Jeder **Absatz** enthält einen **Gedanken**
> - Jeder Gliederungspunkt/**Abschnitt** enthält eine **Gedankengruppe**

- Der erste Satz soll den folgenden Inhalt 'anzeigen' oder auf ihn überleiten, der letzte Satz soll den vorstehenden Inhalt abrunden.
- Eine fehlende Unterteilung des Textes in Absätze dokumentiert gedankliche und sprachliche Schludrigkeit und ist eine Zumutung für den Leser.

  Vermeiden Sie daher zu lange Absätze (leseunfreundlich). In Einzelfällen kann ein Absatz zur Verstärkung seiner Wirkung auch nur aus einem Satz bestehen.
- Der Abstand zwischen den Absätzen soll etwa doppelt so groß sein wie der Abstand zwischen den Zeilen (vgl. 6.1g, S. 97f.).

5.3 Beispiel einer Themenbearbeitung

Beispielhaft soll von folgender Themenstellung ausgegangen werden:

> *„Möglichkeiten und Grenzen effektiver Markteintrittsstrategien für den Automobilzuliefermarkt China auf der Grundlage einer Marktanalyse – dargestellt am Beispiel der Firma XYZ".*

Die Aufgaben, die sich für Sie aus dieser Themenstellung ergeben, lassen sich wie folgt zusammenfassen:

- *Durch die Themen-Formulierung „Möglichkeiten" und „Grenzen" bietet sich eine dialektische Vorgehensweise an: These – Antithese – Synthese.*

- *Der Zusatz „effektiv" erfordert eine intensive Beschäftigung mit Effektivitätskriterien, auf deren Grundlage im Verlauf der Arbeit entschieden werden soll, welche internationalen Markteintrittsstrategien als 'wirksam' im Sinne eines optimalen Zielerreichungsgrades bezeichnet werden können. Somit ist ein konkretes Ergebnis dieser Arbeit erzielbar.*
- *Als methodisches Werkzeug wird eine „Marktanalyse" vorgegeben.*
- *Die Argumentation sollte auf vier Ebenen erfolgen: Theoretische Grundlegung – Ländermarkt China – Branche und/oder Produktionsstufe (Zuliefermarkt) – betrachtetes (Zulieferer-) Unternehmen.*

Gemäß der Themenstellung wäre folgende Arbeits-Gliederung denkbar:

1. *Einleitung*
2. *Problemstellung und Gang der Untersuchung*
3. *Definitorische Grundlegung und Abgrenzung*
4. *Theoretische Grundlegung*
5. *Situationsanalyse (Marktanalyse/unternehmensspezifische Situation)*
6. *Pro (These)*
7. *Kontra (Antithese)*
8. *Resümee (Synthese): Strategieempfehlung für das Unternehmen*

5

1. Einleitung

Zur Strukturierung dieses Teils können folgende Überlegungen zur **Hinführung zum Thema** angestellt werden (stichwortartig):

- ***Aktualitätsbezug**: Ländermarkt China: Beitritt zur WTO, hohe Wachstumsraten, hohe ausländische Direktinvestitionen.*
- ***Automobilzuliefermarkt** in China: Aktuelle Tendenzen aufzeigen, gestützt durch Potenzialdaten (nur Größenordnungen darstellen, noch keine detaillierten Erläuterungen).*

  Ausgangssituation der betrachteten Unternehmung kurz und prägnant schildern.
- ***Einordnung** in einen größeren Rahmen: Die Bedeutung marktanalyse-gestützter Markteintrittsentscheidungen begründen.*

2. Problemstellung und Gang der Untersuchung

Gegenstand und Ziel der Arbeit, Problemstellung, leitende Fragestellungen; Abgrenzungen, Eingrenzungen; Methodische Vorgehensweise/Gang der Untersuchung und Aufbau und Argumentationslinie der Arbeit.

Durch die detaillierte Themenstellung sind Ziel, Problemstellung sowie die Eingrenzung der zu behandelnden Fragen bereits vorgezeichnet:

Auf der Grundlage einer (Länder-) Markt- und Branchenanalyse sollen Markteintrittsstrategien entwickelt werden, die sich sowohl für den Automobilzuliefermarkt in China als auch für das betrachtete Unternehmen als 'effektiv' erweisen. Die methodische Vorgehensweise entspricht einer Erfolgsfaktorenforschung, d.h. eine Analyse möglicher Einflussfaktoren dahingehend, ob und inwieweit sie in der Vergangenheit einen Erfolg bzw. Misserfolg markteintrittswilliger Unternehmen begründet haben.

Sie müssen dem Leser einen Eindruck darüber vermitteln, was ihn im Rahmen der Arbeit erwartet – also: keine empirische wohl aber eine methodische, analytische Untersuchung auf differenzierten Betrachtungsebenen mit dem Ziel einer Empfehlung für das betrachtete Unternehmen.

3. *Definitorische Grundlegung und Abgrenzung*

Themenspezifisch notwendig sind grundlegende Definitionen der Begriffe *„effektiv" („Effektivität"); „Automobilzuliefermarkt" und „Marktanalyse"*. Eine definitorische Abgrenzung der *„Markt**eintritts**strategien" ist hier notwendig, weil in der Literatur eine eindeutige Abgrenzung zu Markt**bearbeitungs**strategien fehlt. Vielmehr erfolgt die Bewertung der Strategien aus der Sicht des betrachteten Unternehmens und danach, ob bzw. wie weit das Unternehmen im Ländermarkt bereits 'Fuß gefasst' hat. So könnten beispielsweise zusätzliche Kooperationsformen im Ländermarkt notwendig werden (z.B. Joint Venture, Franchising), obwohl das Unternehmen sich im Ländermarkt bereits anfänglich etabliert hat. In diesem Fall wären 'klassische' Markteintrittsstrategien mit Marktbearbeitungsstrategien identisch.*

Nicht nur in diesem Fall könnte eine hergeleitete Arbeitsdefinition einen besseren Dienst erfüllen als eine (zitierte) Grunddefinition.

Evtl. Herkunft der Quellen
Dieser Aspekt wäre nur notwendig bei einer empirischen Untersuchung bzw. Verarbeitung von Unternehmenspapieren. *Die Ausführungen basieren hier aber weitestgehend auf zugänglichen Literaturquellen.*

4. *Theoretische Grundlegung*

Die theoretische Grundlegung orientiert sich an der Einordnung des Themas in den internationalen Marketing-Kontext mit der Argumentationsfolge: nationales Marketing – internationales Marketing – internationale Marketingstrategien – internationale Marktbearbeitungsstrategien.

Dabei werden zunächst grundlegende unternehmensinterne und -externe Rahmenbedingungen erörtert und Erfolgsfaktoren abgeleitet. Eingebettet in eine internationale Marketingplanungsabfolge werden anschließend auf der theoretischen Ebene Möglichkeiten und Grenzen effektiver Markteintrittsstrategien diskutiert. Ein Zwischenfazit mit – aus methodischer Sicht – Erfolg versprechenden Markteintrittsstrategien schließt das Kapitel ab.

5. ***Situationsanalyse***

Mit der Situationsanalyse erfolgt die praktische Umsetzung der zuvor theoretisch abgeleiteten Erkenntnisse. Entsprechend den zuvor skizzierten Argumentationsebenen wird zunächst der Ländermarkt China in Bezug auf politische, rechtliche, technologische, soziodemographische, kulturelle und ökonomische Rahmenbedingungen dargestellt, wobei auch spezielle Verhandlungsstrategien in China eine Rolle spielen. Anschließend werden Besonderheiten der Branche und der betrachteten Produktionsstufe (Zuliefermarkt) in China dargestellt, um schließlich eine Konkurrenzanalyse und eine unternehmensinterne Analyse in Form einer Potenzial- und SWOT[40]-Analyse vorzunehmen. Zusammenfassend werden auf Grund der Situationsanalyse Erfolgsfaktoren für einen Markteintritt in der betreffenden Branche auf einer bestimmten Produktionsstufe für den Ländermarkt China abgeleitet.

5

6. ***Pro (These)***

Auf Basis der Ergebnisse der Situationsanalyse sowie der gewonnenen theoretischen Erkenntnisse werden (die noch verbliebenen) möglichen Markteintrittsstrategien für das betrachtete Unternehmen inhaltlich beschrieben, um in

7. ***Kontra (Antithese)***

weitere Restriktionen für die einzelnen Markteintrittsstrategien zu erörtern und zu gewichten und in

8. ***Resümee (Synthese)***

eine Strategieempfehlung für das betrachtete Unternehmen zu formulieren.

---

[40] SWOT = Stärken - Schwächen / Chancen - Risiken.

5.4 Überwindung von Schreibhemmnissen

Wie entwickle ich mein Schreibverhalten und wie überwinde ich Schreibblockaden?

Wenn die Haupt-Gliederungspunkte sowie die Rahmenbedingungen der Arbeit festgelegt und mit dem Prüfer abgestimmt sind, sollten Sie für die Themenbearbeitung ihre individuelle Schreibstrategie entwickeln.

a. Ausgangssituation

(Fast) jeder Verfasser einer wissenschaftlichen Arbeit kommt ein- oder mehrmals an einen Punkt totaler Verwirrung, gefühltem Chaos, fehlender Schreibziele, fehlendem roten Faden und dem Gefühl, in einer Unmenge von Literatur, Büchern und Kopien unterzugehen. Aber jede Studentin und jeder Student ist in der Lage, sich selbst daraus zu befreien.

- In einer solchen Situation können Sie sich helfen, indem Sie sich Ihres eigenen **Schreibverhaltens bewußt** werden. Dazu können Sie sich aktuelle Störungen und Schwierigkeiten verdeutlichen und diese am besten aufschreiben. Oft hilft es auch, diese Punkte mit einer anderen Person zu besprechen, damit sie Ihnen selbst deutlicher bewußt werden.
- Erinnern Sie sich auch an Störungen bei der Anfertigung schriftlicher Arbeiten in der Vergangenheit und machen Sie sich ihre erfolgreichen **individuellen Strategien** bewußt, mit denen Sie solche Schreibhemmnisse bereits einmal überwunden haben.

b. Empfehlungen

Die folgenden Empfehlungen sollten Sie bei der Entwicklung Ihrer eigenen Schreibstrategie unbedingt berücksichtigen.

- Ausrichten der **Arbeitszeiten** an Ihren eigenen Erfahrungen, d.h., welche Zeiten (morgens, nachmittags, abends, nachts) sind für Sie besonders günstig zum Schreiben und welche für sonstige Tätigkeiten wie Lesen, Skizzieren, Kopieren, überarbeiten bisheriger Texte, Haushalt usw.?

  Gewöhnen Sie sich auch einen festen **Arbeitsrhythmus** an. Z.B. 50 Minuten Arbeit, 5-10 Minuten Pause, nach drei Stunden eine Stunde Verteilzeit zum Abwaschen, Einkaufen etc.

- Beachten Sie täglich Ihre Zeitplanung für die gesamte Arbeit. Diese ist für Sie (wegen des festen Abgabetermins) verbindlich. Was Sie heute nicht schaffen, müssen Sie morgen aufholen! Deshalb müssen Sie sich **Tages-Ziele** für Ihre tägliche Seitenzahl setzen; je nach Qualität Ihrer Formulierungen und späterem Überarbeitungsbedarf etwa ein bis sechs Seiten. Wenn Sie gerade in einem Schreibfluß sind, sollten Sie diesen keinesfalls unterbrechen, Sie können Ihr Tagesziel ja jederzeit überschreiten.

- **Skizzieren** Sie zuerst das jeweils von Ihnen zu behandelnde Problem, indem Sie in Stichworten den roten Faden bzw. den Gedanken- oder Argumentationsverlauf niederschreiben. Sie legen damit zunächst grob und danach immer detaillierter fest, was Sie schreiben wollen. Dieser Tipp gilt sowohl für die ganze Arbeit als auch für einzelne Kapitel, Absätze, Argumentationsketten und Sätze.

- Versuchen Sie **nicht, von Anfang an 'ins Reine' zu formulieren**. Erst nach der letzten Überarbeitung soll die Formulierung so treffend wie möglich sein. Bis dahin werden Sie noch diverse Verbesserungen einarbeiten müssen. Bedenken Sie: Menschen, die auf Anhieb wissenschaftliche Texte abgabereif formulieren können, sind die Ausnahme.

- **Testlesen**: Setzen Sie Ihre Großeltern, Eltern, Freund/in o.ä. als hilfreiche Kontrollinstanz ein. Geben Sie ihnen Ihre Texte zum Lesen, zusammen mit einem Bleistift und lassen Sie drei verschiedene Vermerke anbringen:
  - Ein Fragezeichen für: habe ich nicht verstanden,
  - ein senkrechter Strich für: hier habe ich beim Lesen gestockt und
  - eine unterstrichene Textpassage für: das musste ich zwei mal lesen.

  Ändern Sie unbedingt alle so gekennzeichneten Formulierungen ohne Diskussion mit Ihrer Testperson. Im Zweifel hat Ihr Prüfer beim Lesen nämlich die gleichen Lese- und Verständnisprobleme, und dort können Sie auch nichts mündlich erklären.

- Lesen Sie täglich die Arbeit des Vortages und **verbessern** und ergänzen Sie Ihre Ausführungen.

- Sind Sie schreibunwillig oder -gehemmt, fangen Sie mit dem täglichen Schreiben nicht vorn oder am Text des Vortages an, sondern da, wo Ihr Kopf gerade arbeitet, was Sie gerade **innerlich beschäftigt**. Sie werden belohnt mit besserem Vorankommen und einem guten Gefühl.

- Legen Sie täglich zum Arbeitsende Ihr **Ziel für den nächsten Tag** schriftlich fest, ggf. mit einer kleinen Checkliste offener Punkte.

- Wenn Sie das festgelegte tägliche Arbeitspensum erreicht haben, **belohnen Sie sich!** Das fördert Ihr Vertrauen in Ihre Fähigkeiten und Ihre Motivation für das noch vor Ihnen liegende Schreibpensum.

- **Überprüfen** Sie in Zeitabständen immer wieder Ihre inhaltlichen Ziele der Arbeit und vergleichen Sie die **bereits geschriebenen Textteile** damit. Nehmen Sie dabei selbst eine kritische Distanz ein und berücksichtigen Sie auch die Meinung Dritter.
  Beachten Sie dabei immer: „Das Bessere ist stets des Guten Feind".

6. Äußere Gestaltung und sonstige Elemente

Welche formalen Anforderungen muß ich beachten?

Damit Ihre Arbeit das mit ihr verfolgte inhaltliche Ziel überhaupt erreichen kann, muss sie vom Empfänger zuerst einmal (wohlwollend) gelesen werden. Leider sind die Empfänger Ihrer Arbeiten sowohl im wissenschaftlichen Bereich als auch in den Unternehmen im allgemeinen Menschen, die wenig Zeit und Ruhe zum lesen haben.

Um zu verhindern, dass diese Empfänger 'ungnädig' in der Beurteilung werden oder lieber zu einem Konkurrenzprodukt greifen, müssen Aufbau, Form und Inhalt der Arbeiten zum Lesen und Durcharbeiten einladen.

6.1 Äußere Gestaltung

Der Sinn vorgegebener Regeln wie in dieser Anleitung ist, bewährte Elemente der Aufmachung (**Layout**) zu definieren, damit 'kundenorientierte' Arbeiten ein ähnliches, gefälliges und leicht erfassbares Aussehen erhalten. Die Form der Arbeit soll ihre Funktion und Aufgabe unterstützen (form follows function).

Die Arbeiten sollen gut strukturiert, übersichtlich, leicht zu lesen und zu verstehen sein. Sie sollen sich deshalb in einer weitgehend standardisierten Form darstellen und durchgehend einheitlich gestaltet sein.

Die Vorgabe allgemein gültiger – weil bewährter – Formvorschriften und spezieller Formwünsche Ihrer Prüfungsinstanzen soll Sie auch **für die spätere Praxis** trainieren. Auch Unternehmen kennen vom Corporate Design bis hin zu detaillierten Vorgaben für die Gestaltung von Briefen, Berichten und Präsentationsfolien eine Fülle von formalen Vorgaben, die strikt einzuhalten sind.

Die Formvorschriften haben deshalb für Studierende auch die Funktion nachzuweisen, dass sie Vorschriften einhalten und im Rahmen solcher Vorgaben Freiräume selbständig gestalten können.

Auch wenn die folgenden Standards die Regeln einer bewährten Praxis wiedergeben, müssen sie aber nicht in jedem Einzelfall blind angewendet werden. Abweichungen müssen jedoch vom Prüfer/Leser ohne Erklärung akzeptiert werden können.

Beachten Sie bitte auch, dass einzelne Prüfer und insbesondere andere Länder – auch europäische – **andere Standards** voraussetzen. Hier ist es notwendig, sich genau zu informieren.

a. Anzahl der Exemplare

In der Regel werden folgende Stückzahlen verlangt (bitte im Einzelfall prüfen!).

• Hausarbeit/ Präsentation:	1 Exemplar für den Prüfer 1 Kopie der Datei (ggf.)
• Diplomarbeit/ Thesis: Magisterarbeit:	3 Exemplare für das Prüfungsamt (meistens) 1 Exemplar für den Prüfer (ggf.) 1 Kopie der Datei (ggf.)

b. Einband

• Hausarbeit/ Präsentation:	Klemmhefter oder Schnellhefter, **keine** Spiralbindung (Materialverschwendung)
• Bachelorthesis, Diplomarbeit/ Masterthesis, Magisterarbeit:	Gebunden, wir bevorzugen dabei einen durchsichtigen vorderen Deckel, der Thema und Verfasser auf einen Blick erkennen läßt.

c. Papier

- A 4 weiß, einseitig beschrieben, 80g

d. Randbreite

Bitte unbedingt mit dem Prüfer absprechen, da Randbreiten äußerst uneinheitlich gehandhabt werden.[41]

• Rechts:	ca. 1 - 2 cm	Rand zum Festhalten des Papiers
• Links:	ca. 3 - 5 cm	Heftrand, der das leichte Blättern und Lesen ermöglicht
• Oben:	ca. 2,5 - 3,5 cm	dieser Bereich enthält die Seitenzahl, ca. 1 - 2 cm von oben
• Unten:	ca. 2,0 - 2,5 cm	

☼ TIPP: Bei gebundenen Arbeiten werden die Ränder nach dem Binden noch glatt beschnitten. Kalkulieren Sie diesen Schnittverlust vorher in Ihre Randbreiten mit ein.

[41] Häufig werden noch Seitenränder bis zu 6 cm und obere und untere Randbreiten von 4 cm gefordert. Bis auf Fälle, in denen der Prüfer reichlich Kommentare zu schreiben pflegt, halten wir dies für ökonomische und ökologische Verschwendung.

e. Schreibregeln

- Nach DIN 5008 (Regeln für die Textverarbeitung, aber z.T. veraltet).
- Seiten im Querformat werden immer mit dem Kopf zum Heft-/Binderand angeordnet.

f. Schriftart, Schriftgröße und Schriftschnitt

Unter **Schriftart** wird die Form und Gestaltung der Buchstaben verstanden. Die Schrift hilft, Informationen zu übermitteln und verständlich zu machen. Schrift ist daher insbesondere im Informationszeitalter besonders wichtig.

Beim Lesen nehmen wir die Schriftart zwar kaum bewusst zur Kenntnis, aber nur ein angenehm empfundenes Schriftbild lesen wir gern und aufmerksam. Achten Sie sorgfältig auf die Auswahl der Schrift, da Sie sich bei der angebotenen Vielfalt leicht für eine falsche entscheiden können.

Schriftart:	Serifen-Schrift:	Times oder
	Serifenlose Schrift:	Arial / Helvetica / Sans Serif
	oder ähnliche	
Schriftgröße/Schriftgrad:		
	11 - 12 Punkt (pt)[42]	
	11-Punkt Arial entspricht in der Lesbarkeit etwa einer 12-Punkt Times-Schrift	
Schriftschnitt:	normal	(ist der Standard)
Auszeichnung:	fett (bold) oder	(nur für Hervorhebungen)
	kursiv (italic)	

g. Zeilen- und Absatzabstand

Bei Arbeiten, die mit der Schreibmaschine geschrieben wurden, galt früher für den Abstand zwischen den Zeilen eines Absatzes (Zeilenabstand) ein Maß von 1,5 Zeilen. Zwischen zwei Absätzen erfolgte eine Zeilenschaltung, d.h. ein Abstand von einer Zeile.

Bei der heutigen Textverarbeitung wird flexibler vorgegangen:

- **Zeilenabstand**:
  einzeilig, bzw. je nach Prüferwunsch bis zu 1,5-zeilig

[42] In WIN-WORD wird die Maßgröße „Punkt“ für die Schriftgröße mit „pt“ abgekürzt.

💻 Der Zeilenabstand (innerhalb der Absätze) sollte ca. 1/10 der Schriftgröße betragen. Das sind bei üblichen Schriftgrößen in einer Arbeit ca. 1 bis 2 Punkt.

💻 In WIN-WORD stellen Sie den Zeilenabstand folgendermaßen ein:
Menü FORMAT: ABSATZ: EINZÜGE UND ABSTÄNDE: ZEILENABSTAND:

EINFACH: = einzeilig (das Programm stellt dann als Zeilenabstand die Schriftgröße plus 1 bis 2 pt automatisch ein. Bei einer 11pt-Schrift sind das ca. 12pt Zeilenabstand) oder

GENAU: z.B. 1,3 ze (= 1,3-facher Zeilenabstand) oder alternativ
z.B. 14 pt (Zeilenabstand = Schriftgröße plus 1 bis 2 pt) oder

MEHRFACH: z.B. 1,2 (= 1,2-facher Zeilenabstand) das Programm berücksichtigt dann automatisch die jeweilige Schriftgröße.

- Abstand **zwischen Absätzen**:

  Zwischen zwei Absätzen ist der Abstand ca. doppelt so groß wie zwischen den Textzeilen, d.h. ca. 3-6 Punkt, bis zu einem ganzen Zeilenabstand.
- Für die (Absatz)abstände **vor und nach Überschriften** gilt:
  Der Abstand zwischen dem Text des letzten Absatzes und der nächsten Überschrift muss größer sein als der Abstand zwischen Überschrift und dem folgenden Text.

💻 In WIN-WORD: Menü FORMAT: ABSATZ: EINZÜGE UND ABST.: ABSTAND NACH: 3pt (ca. ¼ Zeile), 6 pt (ca. ½ Zeile), 12pt (ca. 1 Zeile).

h. Umrechnungsmaße für Textverarbeitung

Gelegentlich benötigt man für die Layoutgestaltung die Zeichenhöhe (gemessen in 'Punkt') auch in cm.

Darst. 22: Umrechnungstabelle für Textverarbeitung

cm	**Punkt** Zeichenhöhe	Bemerkung
0,035	**1**	
0,353	10	
0,423	12	
1	28,35	
29,7		Länge A4
21,0		Breite A4

i. Absatzformatierung

- Siehe auch Pkt. 6.1 g, S. 97.
- Blocksatz, d.h. kein 'Flatterrand' innerhalb von Absätzen.
- In jedem Fall zwingend: sinnvolle Worttrennungen am Zeilenende.

  Große Lücken in einer Zeile (wie hier) und auffallend unterschiedliche Zeilenenden (Flattersatz) wirken abstoßend und unübersichtlich.

💻 In WIN-WORD empfiehlt sich folgende Standard-Einstellung für die automatische Silbentrennung:

Menü EXTRAS: SPRACHE: SILBENTRENNUNG: ☑ AUTOMATISCHE SILBENTRENNUNG und SILBENTRENNZONE: 0,3 cm

💻 Wenn Sie in WIN-WORD unerklärliche Eigenmächtigkeiten des Programms und ungewollte Veränderungen und Zerstörungen Ihrer Formatierungen vermeiden wollen, führen Sie folgende Standard-Einstellungen durch:

Menü EXTRAS: AUTOKORREKTUR: AUTO FORMAT WÄHREND DER EINGABE: WÄHREND DER EINGABE ZUWEISEN: ☐ alle deaktivieren und

Menü EXTRAS: AUTOKORREKTUR: AUTOKORREKTUR: ☐ JEDEN SATZ MIT GROßBUCHSTABEN BEGINNEN deaktivieren

6

j. Bestandteile, Reihenfolge, Seitenzählung, -nummerierung

- **Seitenzählung**
  - Alle Seiten ab dem Titelblatt (incl.) werden **gezählt**, aber nicht alle Seitenzahlen werden geschrieben.
  - Bei gemischter Nummerierung (Paginierung) erfolgt die
    - **römische** Zählung vom Titelblatt bis zum Textbeginn, die
    - **arabische** Zählung von der ersten Textseite bis zur letzten Seite der Arbeit.[43]
  - Bei **einseitig** beschriebenen Blättern werden die leeren Rückseiten (Vakate) nicht mitgezählt.
  - Bei **beidseitigem** Druck werden die leeren Rückseiten mitgezählt. Die ungeraden Seitenzahlen sind dann immer rechts.

[43] Die gemischte Zählung und Numerierung erleichtert auch die Kontrolle bei vorgegebener Begrenzung der Seitenzahl für den reinen Textteil.

Darst. 23: Bestandteile, Reihenfolge und Nummerierung der Seiten (Paginierung)

Bestandteile, Reihenfolge und **Nummerierung der Seiten** (Paginierung)		Seiten-Nummerierung nur Arabisch	Seiten-Nummerierung Gemischt
∘ **Titelblatt**		-	-
∘ **Inhaltsverzeichnis**		A	R
∘ Vorbemerkung/Vorwort	(ggf.)	A	R
- Darstellungsverzeichnis	(ggf.)	A	R
- **Abkürzungsverzeichnis**	(ggf.)	A	R
- Formelverzeichnis	(ggf.)	A	R
∘ Abstract	(ggf.)	A	R
∘ **Ausführungen zum Thema/Text der Arbeit** (vom Einleitungs- bis zum Schlussteil)		A	A
∘ Anlagenverzeichnis	(ggf.)	A	A
∘ Anlagen	(ggf.)	A	A
- Darstellungsverzeichnis	(ggf.)	A	A
- **Abkürzungsverzeichnis**	(ggf.)	A	A
- Formelverzeichnis	(ggf.)	A	A
∘ **Literaturverzeichnis**		A	A
∘ Verzeichnis der Urteile u. Beschlüsse	(ggf.; jur.Arb.)	A	A
∘ Amtliche Veröffentlichungen	(ggf.; jur.Arb.)	A	A
∘ Versicherung	(nur bei Abschlussarbeiten)	-	-
fett: Pflicht-Inhalt	- Anordnung wählbar ∘ Anordnung einhalten!	A: Arabische Ziffern R: Römische Ziffern	

Klären Sie bitte mit Ihrem Prüfer, ob die in der Anordnung wählbaren Bestandteile (Darstellungs-, Abkürzungs-, Formelverzeichnis) vor oder nach dem Text der Arbeit angeordnet werden sollen.[44]

Ein Muster für Inhaltsverzeichnisse finden Sie unter 6.4d, S. 106.

[44] Zu Besonderheiten der Gestaltung in der Schweiz vgl. Gerhards, Arbeiten, 1995.

- **Seiten-Nummerierung** (Paginierung)
  Darunter werden die **geschriebenen** Seitenzahlen verstanden.
  - Ca. 1 - 2 cm vom **oberen** Rand, nicht am Fuß der Seite
  - Am äußeren Seitenrand[45] – oder auch über der Textmitte
  - Nur Zahlenangaben wie: *2* oder - *2* - bzw. *II* oder - *II* - ,
    keine Angabe "Seite" oder "S." (redundant),
    keine Bindestriche bei Seitenzahlen am äußeren Rand.
  - ***Keine* Nummerierung auf** dem **Titelblatt** und der **jeweils 1. Seite** eines neuen **Inhaltsbestandteils** wie Vorwort, Inhaltsverzeichnis, Text der Arbeit, sonstige Verzeichnisse.

    Auch die Seite der **ehrenwörtlichen Erklärung** bzw. **Versicherung** erhält keine Seitenzahl.
  - **Keine Angabe von 'Folgeseiten'** (Redundanz!). Es sei denn, die normale Seitenzählung ist unterbrochen wegen einer nachträglich herausgenommenen oder eingeschobenen Seite (*Bsp.: S. 13a*).

6.2 Titelblatt

Jede Arbeit benötigt ein Titel- oder Deckblatt mit folgenden Mindestangaben:

Darst. 24: Mindestangaben für Titel- oder Deckblatt

Mindestangaben für Titel- oder Deckblatt (s. Anhang 1+2)
○ Hochschule, Universität ○ Fachbereich, Fakultät, Institut, Seminar ○ Bezeichnung des laufenden Semester ○ Art der Arbeit (Referat, Hausarbeit, Diplomarbeit etc.) ○ Thema und ggf. Unterthema der Arbeit ○ Angabe der/des Prüfer(s) ○ Name, Vorname des Verfassers ○ Matrikel-Nr. ○ Studiengang, Fachrichtung des Verfassers ○ Aktuelles Semester des Verfassers ○ Studienadresse mit Telefon und Email-Adresse (für evtl. Rückfragen) ○ Ort und Abgabedatum der Arbeit

[45] Diese Anordnung erleichtert das Auffinden einer Seite gegenüber der mittigen Variante.

Im Einzelfall ist das von der jeweiligen Institution vorgeschriebene Merkblatt bzw. Muster für die Gestaltung wissenschaftlicher Arbeiten vorrangig zu beachten.

Ergänzend kann im Bedarfsfall bei Praxisarbeiten in Zusammenarbeit mit Unternehmen o.ä. ein **Sperrvermerk** wie *„Gesperrt für Dritte"* angebracht werden. Für die Anordnung gibt es keine feste Regel, aber gut erkennbar sollte der Vermerk schon sein.

Auf den Inhalt und die optische Gestaltung des Titelblattes sollte größte Sorgfalt verwendet werden, da das Deckblatt als 'Verpackung' der Arbeit für deren Inhalt wirbt. Ein ausgewogener Einsatz unterschiedlicher Schriftarten, -größen und -stärken (aber maximal 3-4 Varianten auf einer Seite) kann die Attraktivität verbessern. Vermeiden Sie aber bitte übertriebene Kosmetik!

6.3 Vortexte

Vortexte sind Ausführungen, die dem Text der Arbeit vorausgehen wie:

- **Motto, Sprichwort** Kurzes Zitat als Leitgedanke bezüglich Verfasser und/oder Thema
- **Widmung** Worte der Zueignung an Personen oder Institutionen, meist unangebracht
- **Geleitwort** Stellungnahme eines Dritten
- **Vorwort / Vorbemerkung** (s. Pkt. 6.3a, S. 102)
- **Abstract** (s. Pkt. 6.3b, S. 103)

Vortexte sind kein Bestandteil der Ausführungen zum Thema, sondern stellen eine Art Bindeglied zwischen Verfasser und Arbeit dar.

Sie gehören in der Regel – bis auf ein Abstract und ein evtl. Vorwort/Vorbemerkung bei externer Unterstützung – **nicht in eine wissenschaftliche Arbeit**. Üblich sind sie erst bei veröffentlichten Dissertationen.

a. Vorbemerkung / Vorwort

- Beide können dem Text einer Arbeit vorangestellt werden.
- Eine Vorbemerkung ist ein kurzes Vorwort, das maximal eine Seite umfassen soll.

- Es soll nur **persönliche Bemerkungen** des Verfassers enthalten (z.B. Anlass, Entstehung der und Anregungen zur Arbeit sowie Hilfen, Unterstützungen und Schwierigkeiten bei der Erstellung). Keine Danksagung an den Prüfer!
- Beide sind **kein Teil des Textes**, damit auch **kein Teil der Gliederung** und erhalten daher auch **keine Klassifikationsnummer** im Inhaltsverzeichnis.
- Keine Seiten**angabe** (Paginierung) auf der ersten Seite.

b. Abstract

International ist es üblich, dem Textteil der Arbeit eine Gesamtzusammenfassung, einen sogenannten Abstract voranzustellen. In Deutschland wird das jedoch nur vereinzelt gefordert.

- **Aufgabe** des Abstracts ist, in Kurzform das Wesentliche der Arbeit darzustellen und einem potentiellen Leser zu helfen, ohne großen Leseaufwand darüber zu entscheiden, ob er sich tiefer in die Arbeit einlesen soll.
- Für den **Inhalt** werden Kurzfassungen folgender Teile der Arbeit erwartet:
  - Problemstellung, Ziele, Untersuchungsproblem mit
    - Einordnung und Ableitung
    - Themenabgrenzung
    - Begriffsabgrenzungen
  - Lösungswege (Conceptual framework) (Vorgehensweise, Gang der Untersuchung)
  - Lösungsmethoden
  - Material
  - Zusammenfassung der Ergebnisse
  - Kritische Würdigung

  Der Abstract kann daher erst formuliert werden, wenn die Arbeit fertiggestellt ist.
- Der **Umfang** sollte bei Diplom- und vergleichbaren Arbeiten 1 - 2 Seiten nicht überschreiten und bei Haus- und Seminararbeiten bei bis zu einer Seite liegen.
- Der Abstract wird der Arbeit vorangestellt und beginnt auf einer neuen Seite ohne Seiten**angabe** (Paginierung) auf der ersten Seite.

6

- Er ist **kein Teil des Textes**, damit auch **kein Teil der Gliederung** und erhält daher auch **keine Klassifikationsnummer** im Inhaltsverzeichnis.
- Er wird **nur** in **Absätze ohne Zwischenüberschriften** gegliedert.

6.4 Inhaltsverzeichnis

- Das Inhaltsverzeichnis stellt einen verkürzten und übersichtlichen Spiegel des Aufbaus einer Arbeit dar, d.h. ihre Struktur in Form von Kapiteln und Unterkapiteln soll es dem Leser ermöglichen, einzelne Punkte in der Arbeit aufzufinden.
- Es muss daher alle wesentlichen Elemente der Arbeit mit ihren Ortsangaben (Seiten) enthalten.
- Es steht unmittelbar nach dem Titelblatt.[46]
- Die ehrenwörtliche Erklärung gehört **nicht** ins Inhaltsverzeichnis.

a. Text-Übereinstimmung in allen 'Verzeichnissen'

- Die Angaben im Inhaltsverzeichnis und allen anderen Verzeichnissen müssen **wörtlich** mit den Überschriften im Textteil **übereinstimmen**.[47]
- Hinter Überschriften stehen **keine Satzzeichen**.

b. Seitenangaben

- Alle Positionen des Inhaltsverzeichnisses sind mit **Seitenangaben** zu versehen.
- Eine neuere Form läßt aus Gründen der Übersichtlichkeit zu, die Seitenangaben für die tiefste Gliederungsebene der Arbeit wegzulassen.

---

[46] Vor dem Inhaltsverzeichnis steht in Büchern traditionell das Vorwort an erster Stelle. Diese allgemeine Übung wird zunehmend aufgegeben, da aus logischen und sachlichen Gründen das Inhaltsverzeichnis als 'Übersichtskarte' an den Beginn eines Werkes gehört, d.h. direkt hinter das Titelblatt. Diese Ansicht wird **auch** gestützt von *Eco,* Abschlußarbeit, 2003, S. 260.

[47] Diese Übereinstimmung wird bei der automatischen Erstellung des Inhaltsverzeichnisses durch ein Textverarbeitungsprogramm gewährleistet.

Dadurch kann Redundanz in der Form vermieden werden, dass (fast) identische Seitenangaben für mehrere aufeinander folgende Gliederungspunkte gehäuft auftreten.

c. Optische Anordnung – Layout

- Das Inhaltsverzeichnis ist eine **Serviceleistung für den Leser**.
  Es ist daher alles zu unternehmen, was die **Übersichtlichkeit** erhöht und das Lesen erleichtert und alles zu unterlassen, was das Lesen unnötig erschwert.

- Deshalb sind die Gliederungspunkte auch **übersichtlich anzuordnen** und optisch entsprechend ihrer Bedeutung **bündig einzurücken** (s. Pkt. 5.1f, S. 79 und das Inhaltsverzeichnis dieses Buches).

  - Die Gliederungs-Nummern und die ersten Buchstaben der Überschriften sind nach Gliederungsebenen **einzurücken** und an vertikalen **Fluchtlinien** auszurichten. Nehmen Sie dazu als Muster die Gliederung dieses Buches und Darst. 25. Durchgängig linksbündig geschriebene Gliederungen sind eine Zumutung für den Leser!

    Gleichrangige Überschriften stehen auf einer gleichen vertikalen Linie (Fluchtlinie).

    Unterrangige Überschriften stehen auf einer eingerückten gleichen vertikalen Linie.

  - Unterschiedliche, sinnvolle und systematische Zeilenabstände verbessern die Übersichtlichkeit.

  - Der **Abstand** zwischen zwei Verzeichnis-Positionen ist größer als der Zeilenabstand eines mehrzeiligen Gliederungspunktes.

  ☺ Nur bei einem übersichtlich gestalteten Inhaltsverzeichnis sind Ränge/Bedeutung, Zugehörigkeit, Über-, Unter- und Gleichordnungen leicht zu erkennen.

  ☺ Konzeption und Schwerpunkte der Arbeit sind optisch gut und schnell erfassbar.

  ☹ Bei tiefer Untergliederung (mehr als drei Gliederungsebenen) können zu weite Einrückungen aber auch unübersichtlich werden.

Eine Aufstellung der Bestandteile, Reihenfolge, Seitenzählung und -nummerierung finden Sie unter 6.1j, S. 99.

6

d. Muster

Darst. 25: Muster für Inhaltsverzeichnisse

Inhaltsverzeichnis	**Seitenzahlen**	*als Überschrift*	**Gliederungspunkt/Seitenzahl in diesem Buch**
(Inhaltsverzeichnis selbst nicht angeben)			6.4 / 104
Vorbemerkung (ggf.)	III		6.3a / 102
Darstellungsverzeichnis (ggf.)	V	*hier oder unten anordnen*	6.6d / 113
Abkürzungsverzeichnis (ggf.)	VII		6.8b / 114
Formelverzeichnis (ggf.)	IX		6.7 / 113
Abstract (ggf.)	X		6.3b / 103
1. Einleitung	1	***Gliederung:* Ausführungen zum Thema, Text der Arbeit**	5.2a / 80
2. Nnnnnnnnnnnnnnnn	2		
2.1 Nnnnnnnnnnnnnn	2		
2.1.1 Nnnnnnnn	2		
a. Nnnnnnn	3		
b. Nnnnnnn	5		
2.1.2 Nnnnnnnn	7		5.1 / 75
a. Nnnnnnn	8		
b. Nnnnnnn	9		
2.2 Nnnnnnnnnnnnnn	10		5.2 / 80
2.2.1 Nnnnnnnn	10		
2.2.2 Nnnnnnnn	11		
3. Nnnnnnnnnnnnnnnn	13		
...	..		
...	..		
6. Schlussteil	55		5.2c / 86
Anhangverzeichnis (ggf.)	58		6.5 / 107
Anhang (ggf.)	59		6.5 / 107
Darstellungsverzeichnis (ggf.)	69	*hier oder oben anordnen*	6.6d / 113
Abkürzungsverzeichnis (ggf.)	70		6.8b / 114
Formelverzeichnis (ggf.)	71		6.7 / 113
Literaturverzeichnis	72		6.9 / 116

6.5 **Anhang/Anlagen** und **Anhang-/Anlagenverzeichnis**

- In den **Anhang** gehören nur **ergänzende** Materialien und Dokumente wie:
  - zum Verständnis wichtige, aber nicht zwingende Darstellungen, die im Textteil stören würden
  - und auf die im Text mit Querverweis Bezug genommen wird.

  Bsp.: Ergänzende Informationen; Fragebögen; dem Leser nicht zugängliches Material; größere Abbildungen; statistische Daten, deren Ergebnisse im Text behandelt sind.
- Der Anhang folgt **unmittelbar nach dem Text** der Arbeit.
- Fußnoten und Abkürzungen werden wie die im Text behandelt.
- Abbildungen und Tabellen des Anhangs werden nicht in dem/n Darstellungs-, Abbildungs- und Tabellenverzeichnis/sen erfasst.
- Besteht der Anhang aus mehreren Teilen, wird **jeder Teil**
  - mit einer Anhang-Nummer und Überschrift versehen
  - gesondert mit einer zusätzlichen Seitenangabe durchnummeriert *(z.B.: 1.1, 1.2 oder A1, A2)*
  - in einem Anhangverzeichnis aufgeführt.
- Das **Anhangverzeichnis** enthält folgende Angaben:
  - Anhang-Nummer (1, 2, 3, ... oder A, B, C, ...)
  - Anhang-Überschrift (identische Formulierung wie im Anlagenteil)
  - Seitenzahl des Anhangs (arabisch!)

Darst. 26: Muster für Anhangverzeichnis

Muster für Anhangverzeichnis		
Anhangverzeichnis		
Anhang 1:	*Überschrift 1*	59
Anhang 2:	*Überschrift 2*	61
Anhang 3:	*Überschrift 3*	64
Anhang 4:	*Überschrift 4*	66

- Als **Anlagen** bezeichnet man besser Materialien, die lose beigefügt werden.

6

6.6 Darstellungen und Darstellungsverzeichnis

'Darstellung' ist ein Sammelbegriff für alle Elemente einer Abhandlung, die nicht Text oder Formeln darstellen.

- Als Darstellungen werden bezeichnet:
  - **Abbildungen** wie Diagramme, Schaubilder, Zeichnungen, Pläne, Fotos
  - **Tabellen**
- Darstellungen dienen dazu, im Text abgehandelte Inhalte und insbesondere Zusammenhänge **anschaulich,** d.h. kurz, knapp und übersichtlich zu **verdeutlichen** – anstelle langatmiger verbaler Beschreibungen.

  Jede Arbeit kann durch sinnvolle Abbildungen und Tabellen nur gewinnen, denn *„Ein Bild sagt mehr als tausend Worte"*.
- Außerdem erhöht jede Darstellung das Interesse und damit auch die Aufnahmebereitschaft des Lesers deutlich (**Stimulierung**).
- Am Anfang einer guten Darstellung stehen die folgenden Überlegungen:
  1. Welche Information soll dem Leser vermittelt werden?
  2. Welche Art der Darstellung ist dafür am besten geeignet?
- Darstellungen sollen sich auf das **Wesentliche** konzentrieren. Das bedeutet, alles Überflüssige wegzulassen.

  Insbesondere sind graphische Spielereien zu unterlassen, die die Lesbarkeit stark beeinträchtigen wie die dreidimensionale Darstellung zweidimensionaler Zusammenhänge. Dazu gehören auch die unerträglichen dreidimensionalen Kurvendiagramme und die meisten dreidimensionalen Balken.
- **Im Text** der Arbeit ist auf jede Darstellung mindestens einmal **Bezug** zu nehmen. Wenn nicht eindeutig offensichtlich, ist auch die Bedeutung für die Themenbearbeitung darzulegen.
- Darstellungen sind ein **Textbestandteil** und gehören deshalb auch **unmittelbar in den Textzusammenhang**. Nur aus technischen Gründen dürfen sie auf die Vor- oder Folgeseite verschoben werden oder in Ausnahmefällen (z.B. gefaltete Blätter wie Bauzeichnungen) in den Anhang.

  Bei größeren Tabellen (z.B. empirischen Untersuchungen) empfiehlt es sich, die Originaltabellen in den Anhang zu legen und im Textzusammenhang eine zusammengefasste Darstellung (z.B. Ergebnistabelle) darzustellen. Auf den Anhang muss dann im Text oder in einer Fußnote verwiesen werden.

- Jede Darstellung muss **für sich allein** ohne nähere Erläuterung **verständlich** sein (selbsterklärend).

  Bei Bedarf werden (nur!) einzelne Inhalte bzw. Schwerpunkte der Darstellung im Text verbal näher erläutert und ggf. herausgestellt.

- **Alle Elemente**, Symbole, Abkürzungen und Maßeinheiten einer Darstellung müssen **in der** Darstellung, ersatzweise in einer sog. **Legende** in unmittelbarer Nähe verständlich **erklärt** werden (soweit sie nicht allgemein üblich sind).

  Beachten Sie bitte auch, dass die meisten **Farben** in schwarz-weiß Kopien und Ausdrucken nicht mehr zu unterscheiden sind. Testen Sie daher bitte rechtzeitig Ihre Farbwahl.

- Darstellungen müssen **vollständig**, **genau** und **anschaulich** sein.

- Jede Darstellung muss mit einer **Bezeichnung**, d.h. **'Überschrift'** versehen werden, die **über** der Darstellung oder **darunter** angeordnet werden kann und in der folgende Elemente erscheinen müssen (vgl. Pkt. 6.6c, S. 112 und 7.5d, S. 158):

  - Die **Art** der Darstellung:
    - Darstellung ("Darst." oder "Bild")
      als allgemeine Sammelbezeichnung

    oder eine Trennung in

    - Abbildungen ("Abb." oder besser "Bild") und
    - Tabellen ("Tab.")

    Eine Trennung der Darstellungen in Abbildungen und Tabellen ergibt aber erst bei einer größeren Anzahl einen Sinn.

  - **Laufende Nummer** (fortlaufende Nummerierung aller Darstellungen). Die laufende Nummerierung kann Ihr Textverarbeitungsprogramm übernehmen und bei Einfügungen und Löschungen automatisch anpassen.

  - **Titel**
    Der Titel soll den Inhalt der Darstellung möglichst treffend beschreiben und Aussagen über das Was, Wo, Wann geben.

  - **Beispiele**: siehe Pkt. 6.6c, S. 112. und . Pkt. 7.5d, S. 158.

a. Abbildungen

- Abbildungen wie **Bilder**, **Graphiken** und **Diagramme** können und sollen zu verschiedenen Zwecken eingebaut werden:
  - Zur Dokumentation.
  - Zum Erkennen von Zusammenhängen und Mustern. (z.B. Korrelogramme, Histo-, Kartogramme, Lorenzkurven)
  - Als didaktisches Mittel zum besseren Verständnis.
- Es gibt eine Vielzahl von **Darstellungsformen,** aus denen die am besten geeignete ausgewählt werden soll. Leider kann hierzu kein allgemeingültiges Schema angeboten werden. Der Verfasser muss die Wahl daran orientieren, was er aussagen will und welche Form bzw. Variante dies dem Leser am deutlichsten vermittelt.

  Für ungeübte Autoren empfiehlt sich hier, verschiedene Formen auszuprobieren.
- In **Diagrammen** müssen alle **Achsen** mit einer **Bezeichnung** (z.B. Umsatz) und einer Dimension (z.B. €) beschriftet sein. Wählen Sie dabei eine geeignete Schriftgröße.

  Alle **Achsen** müssen **geeignet unterteilt** sein, so dass keine 'Manipulation des Eindrucks' (optische Täuschung) entsteht. D.h. keine Dehnungen, keine Stauchungen und kein undeutliches Abschneiden von Achsen.

b. Tabellen

- Die **Überschrift** der Tabelle und die **Spaltenüberschriften** sollen den Gegenstand, die zeitliche und räumliche Zuordnung des Tabelleninhalts und die Dimension (z.B. Mio. €) der dargestellten Werte knapp und präzise wiedergeben.

  So ist bspw. bei einer Tabelle über die Einwohnerzahlen Deutschlands anzugeben, ob die Zahlen nur für West oder für West und Ost gelten und für welche Jahre.
- Die **Dimension der Tabellenwerte** (z.B. Mio. €) ist im Spaltenkopf anzugeben und nicht in den Tabellenfeldern.

- **Fehlende Zahlen** werden durch Zeichen näher spezifiziert:[48]

-	= nichts vorhanden	...	= Werte noch nicht verfügbar
0	= mehr als nichts, aber weniger als die Hälfte der Maßeinheit	.	= Werte unbekannt oder geheimzuhalten
x	= Aussage nicht sinnvoll	p	= Werte geschätzt

- Die **Elemente einer vollständigen Tabelle** sind in der folgenden Mustertabelle dargestellt.

Darst. 27: Grundmuster einer Tabelle

	Vorspalten: Sp.-Nr	Vorspalten: Rech.-spalte	Vorspalten: Vorspalte Text	Spalte				
Überschrift	Kopf zu Kopfzeilen			2006		Abw. z. Plan		Tabellenkopf
Überschrift				Plan	Ist	absolut	relativ	
Dimension	Kopf zu Vorspalten			€	€	€	%	
Spalten-Nr.				1	2	3	4	
Rechenzeile						2 - 1	3 : 1	
	1		Lohn + Geh.	10.000	10.500	500	5,0	
	2		Nebenkosten	6.000	5.900	-100	-1,7	
	3	**1+2**	**Pers.kosten**	**16.000**	**16.400**	**400**	**2,5**	
	4		Mieten	300	320	20	6,7	
	5		Energie	120	130	10	8,3	Zeile
	6		Telefon	25	30	5	20,0	
	7	**4⇨6**	**Sachkosten**	**445**	**480**	**35**	**7,9**	
Summenzeile	**8**	**3+7**	**Gesamt**	**16.445**	**16.880**	**435**	**2,6**	

- **Grundregeln der Gestaltung**
  - Überschriftsteile, die für mehrere Spalten gelten, werden in einer eigenen Zeile über diesen Spalten mittig angegeben und nicht durch eine Linie abgetrennt (vgl. "2006" in der Mustertabelle).
  - Gleichartige Spalten haben die gleiche Breite
  - Zahlen, die der Leser vergleichen soll, sind übereinander in einer Spalte anzuordnen und nicht nebeneinander in einer Zeile.

[48] Vgl. Statistisches Bundesamt (Hrsg.), Jahrbuch, 1999, S. 8.

- Wenn keine absolute Exaktheit erforderlich ist,
  - sind die Zahlen zu runden und
  - möglichst auf maximal drei- bis vierstellige Zahlen zu dimensionieren (bspw. Mio. statt Tsd.).
- Bei mehrzeiligem Text in der Vorspalte stehen die zugehörigen Zahlen in der letzten Zeile.
- Tabellen sind keine Traueranzeigen. Bitte keine fetten Trauerränder.
- Verzichten Sie auf so viele Linien wie möglich!
  Eine gute Tabelle bildet Gruppen durch die Anordnung und nicht durch Linien. Insbesondere senkrechte Linien sind bei gut angeordneten Zahlenkolonnen meist überflüssig.

  Sinnvolle Linien sind dezent und dominieren nicht.
- Bei Tabellen im Querformat gehört (zum besseren Handling) der Tabellenkopf an den Heft- bzw. Binderand.

c. Quellenangaben für Darstellungen

- Die Quellenangabe erfolgt bei Darstellungen direkt unter der Darstellung bzw. unter der 'Unterschrift', jedoch **nicht in einer Fußnote (! Achtung Sonderregelung !)** und keinesfalls mit „Vgl.".

  Siehe auch folgendes Beispiel und Pkt. 6.6, S. 108 und 7.5d, S. 158.

Darst. 28: Beispiele für Darstellungen

Darst. 1: Muster für Darstellungen

Darstellung
mit Überschrift

Quelle: Eigene Darstellung in Anlehnung an *Quellenangabe*

Darstellung
mit Unterschrift

Quelle: Eigene Darstellung

Darst. 2: Muster für Darstellungen

- Um **eigene Darstellungen** deutlich von 'vergessenen' Quellenangaben zu unterscheiden, wird die Angabe *Quelle: Eigene Darstellung* oder *Quelle: Eigene Darstellung in Anlehnung an Quellenangabe* oder *Eigene Darstellung, Datenquelle: Quellenangabe* empfohlen.
- Die Quellenangabe von Darstellungen wird **nie mit "Vgl."** eingeleitet.

d. Darstellungs-, Abbildungs-, Tabellenverzeichnis

- Im Darstellungsverzeichnis werden alle Darstellungen der Reihe nach mit ihrer Nummer, ihrem Titel und der Seitenzahl aufgelistet (analog zum Anhangverzeichnis, s. Pkt. 6.5, S. 107):
  - **Nummer** der Darstellung (1, 2, 3, ...)
  - **Titel** der Darstellung (Bezeichnung mit identischer Formulierung wie im Textteil der Arbeit!)
  - **Seitenzahl** der Darstellung

Darst. 29: Muster für ein Darstellungsverzeichnis

<u>Darstellungsverzeichnis</u>

Darst. 1:	*Titel 1*	59
Darst. 2:	*Titel 2*	61
Darst. 3:	*Titel 3*	64
Darst. 4:	*Titel 4*	66

- **Nur** bei längeren Arbeiten mit vielen Tabellen (mehr als eine Seite für das Verzeichnis) und bei manchen Prüfern empfiehlt sich eine getrennte Bezeichnung und Nummerierung und damit auch eine Trennung des Darstellungsverzeichnisses in je ein
  - **Abbildungsverzeichnis**
  - **Tabellenverzeichnis.**

6.7 Formeln und Formelverzeichnis

- Formeln und Gleichungen sind in einer **gesonderten Zeile** zu schreiben.
- Zwischen Text und Formeln bzw. Gleichungen ist mindestens der **Abstand** wie zwischen zwei Absätzen, oft ein doppelter Zeilenabstand einzuhalten.
- Formeln werden **einheitlich**
  - entweder deutlich von links eingerückt oder
  - zentriert angeordnet bzw.
  - Gleichheitszeichen (=) genau untereinander angeordnet (wenn mehrere Formeln untereinander stehen).

- Alle Formeln sind fortlaufend **durchzunummerieren**.
  Die Nummer wird in Höhe der Formel in runden Klammern rechtsbündig geschrieben.

  Ableitungen von Formeln werden mit der Formel-Nummer und ergänzenden kleinen Buchstaben gekennzeichnet. *z.B. (4a), (4b).*

- Formeln und darin verwendete spezielle Symbole sind in einem gesonderten **Formelverzeichnis** (auch Formel- und **Symbolverzeichnis**) aufzuführen.

6.8 Abkürzungen und Abkürzungsverzeichnis

a. Abkürzungen im Text

- Ohne weiteres anerkannt werden hier nur **geläufige** Abkürzungen (lt. DUDEN bzw. WAHRIG und Formblatt DIN 1502) wie:

  usw., etc., u.a., vgl., z.B., Abb., Abschn., Art.

  Diese werden auch **nicht in das Abkürzungsverzeichnis** aufgenommen.

  Geläufige Abkürzungen sollen in ihrer üblichen Form lt. DUDEN bzw. WAHRIG benutzt werden. Eigene Kreativität ist hier fehl am Platze.

- **Ungeläufige** Abkürzungen sind im laufenden Text **weitgehend zu vermeiden**, um das Lesen der Arbeit nicht zu erschweren.

  Sie kommen nur für Wortgebilde in Frage, die
  - relativ lang und damit schwer lesbar sind und außerdem
  - relativ häufig in der Arbeit auftauchen.

  Nur dann erfüllen sie ihren Sinn, dem Leser seine 'Arbeit' zu erleichtern.

  Alle **ungeläufigen** Abkürzungen – auch juristische – müssen im Abkürzungsverzeichnis aufgeführt und erläutert werden. Außerdem sollen sie bei ihrem ersten Auftreten in Klammern direkt hinter der voll ausgeschriebenen Bezeichnung angegeben werden.
  Bsp.: Die Frage des Just-In-Time (im folgenden kurz: JIT) wird heute ...

- Abkürzungen **aus Bequemlichkeit** (wie BWL, KLR, KoRe etc.) sind nicht statthaft.

b. Abkürzungsverzeichnis

Alle nicht allgemein gebräuchlichen Abkürzungen müssen in einem Abkürzungsverzeichnis alphabetisch geordnet erläutert werden, wie z.B.:

- Fachspezifische Abkürzungen
- Zeitschriften, Zeitungen
- Hand- und Wörterbücher, Lexika
- Gesetze, Verordnungen, Erlasse
- Organisationen.

c. Abkürzungen in Quellenangaben

Darst. 30: Übliche Abkürzungen in Quellenangaben

Übliche Abkürzungen in Quellenangaben:			
a.a.O.	am angeführten Ort	N.F.	Neue Folge
Aufl.	Auflage	N.N.	Nomen nescio
Bd.	Band	Nr.	Nummer
ders.,	der-, dieselbe/n	o.J.	ohne Jahresangabe
Diss.	Dissertation	o.O.	ohne Ortsangabe
Dok.	Dokument	o.V.	ohne Verfasser
ebd.	ebenda	S.	Seite(n)
et al.	et alii = u.a.	s.	siehe
f., ff.	folgende Seite(n)	Sp.	Spalte(n)
Forts.	Fortsetzung	u.a.	und andere (Autoren,Verlagsorte)
H.	Heft		
hj.	halbjährlich	vj.	vierteljährlich
Hrsg.	Herausgeber	Verf.	Verfasser
hrsg. v.	herausgegeben von	Verl.	Verlag
i. e.	id est (das ist; das heißt)	vgl.	vergleiche
Jg.	Jahrgang	Vol.	Volume (Band)
jhrl.	jährlich	zit.	zitiert
mtl.	monatlich		
Diese Abkürzungen sind (als allgemein bekannt) **nicht** im Abkürzungsverzeichnis aufzuführen.			

6

d. Symbole aus fremden Quellen

Werden Symbole aus fremden Quellen zitiert (z.B. aus Formeln), sind sie den in der Arbeit verwendeten anzupassen (außer bei wörtlichen Zitaten).

6.9 Literaturverzeichnis

Welche Regeln gelten für die Quellenangaben im Literaturverzeichnis?

Im Literaturverzeichnis werden alle in der Arbeit **tatsächlich zitierten** Quellen – und i.d.R. auch nur diese – in der Form eines **Vollbelegs** aufgeführt.

a. Genereller Inhalt und Form des Literaturverzeichnisses

- **Varianten**

  Für Fälle, in denen auch nicht gedruckte Quellen wie z.B. Videos nachgewiesen werden, wird gelegentlich eine Benennung als „**Literatur- und Quellenverzeichnis**" oder sogar eine Trennung beider gefordert.

- **Aufteilung** des Verzeichnisses

  Eine Aufteilung des Verzeichnisses in verschiedene Gruppen von Literatur soll i.d.R. nicht erfolgen, da es das Finden der Literatur für den Leser unnötig erschwert.

  Keinesfalls darf das Literaturverzeichnis aufgeteilt werden in:
  - Zitierte Literatur und
  - berücksichtigte, aber nicht zitierte Literatur.

  Nur in Sonderfällen (!) und auch dann nur nach Absprache mit dem Prüfer – meist bei längeren Arbeiten – wird das Literaturverzeichnis gelegentlich aufgeteilt in:

  - Bücher, Kommentare, Dissertationen
  - Aufsätze in Sammelwerken
  - Aufsätze in Zeitschriften und Zeitungen (Artikel)
  - Internet-Quellen
  - Sonstige Quellen.

Eine solche **Aufteilung** darf aber **nie bei** Verwendung der **Kurzbelege** erfolgen, da sie das Suchen der Quellen unnötig erschwert.

- **Inhalt**

  Das Literaturverzeichnis soll dem Leser ermöglichen, die Quellen ohne unnötige Mühe zu beschaffen, um sie nachvollziehen und überprüfen zu können (Gebot der Wissenschaftlichkeit!).

  Dazu müssen alle bibliographischen Angaben
  - vollständig,
  - präzise,
  - übersichtlich und
  - in einer einheitlichen, standardisierten Form erfolgen.

- **Übersichtliche Anordnung/Sortierung**
  - Die Einträge sind alphabetisch nach den (ersten) Nachnamen der Verfasser zu ordnen (auch o.V. einordnen).
  - Innerhalb gleicher Nachnamen wird nach den Vornamen sortiert.
  - Mehrere Titel eines Verfassers werden in zeitlich aufsteigender Reihenfolge angeordnet.
  - Haben mehrere Titel mit Co-Autoren den gleichen ersten Autor, wird innerhalb dieser Gruppe nach dem Namen des zweiten Autors sortiert.

- **Übersichtliche Formatierung** des Verzeichnisses

  Namen werden herausgerückt (negativer Erstzeileneinzug >1cm). Das Verzeichnis zweispaltig zu schreiben empfiehlt sich nicht, da Sie wegen der unterschiedlichen Länge der Verfassernamen viel Platz verlieren.

b. Die Einträge im Literaturverzeichnis – International

Wie im deutschsprachigen Raum gibt es auch international eine nicht mehr überschaubare Anzahl von verschiedenen akademischen Zitierweisen (styles)[49], von denen einzelne, jeweils unterschiedliche Elemente auch in Deutschland übernommen werden.

---

[49] Vgl. University of Queensland Library, Guides, 2006 (APA 2005), www.library.uq.edu.au, auch mit folgendem Zitat: "Australian universities … have styles information. However, you should **use these sites only as a guide**, because **their versions of Harvard all differ slightly from each other *and* from the UTS versions** [Harvard-Variante der University of Technology, Sydney]."

Beispielsweise enthält das verbreitete Literaturverwaltungsprogramm EndNote **mehr als 1.000 Zitier-Stile**.[50]

Dieser Zustand und die laufend weitere Erfindung neuer Varianten durch Autoren, Professoren und Verlage kommentieren sich selbst.

Damit Sie im Laufe Ihres Studiums bei der Konfrontation mit den verschiedensten Zitierstilen und -vorschriften wenigstens die wesentlichen besser entschlüsseln und einordnen können, stellen wir zur Orientierung sechs der wichtigsten und am weitesten verbreiteten anglo-amerikanischen Zitierstile in ihren Grundzügen dar.

- **APA Style – Autor-Jahr-System**

APA ist die American Psychological Association. Der APA Style (aktuell 5th Ed. 2001) wird vorwiegend in naturwissenschaftlichen Disziplinen (scientific style) angewendet.

[Name], [Vorname in Initialen] ([Erscheinungsjahr]). [*Titel*]. ([Auflage]). [Erscheinungsort]: [Verlag].[51]

Bsp.: Baker, G., Cook, L., & Griff R. (Eds.). (2004). Styles. In B. Gaw (Ed.), *References* (4th ed.). (pp. 17-19). London: Mandarin.

Miller, B. (2004). Choices. *APA Bulletin*, 50 (2), 49-52.

Cook, D. (2005). Foundations. *Nature*. Retrieved May 13, 2005, from http://www.apa.org/journals/cook.html

Besonderheiten:
- Im Literaturverzeichnis nur zitierte Quellen
- Erscheinungsjahr und Auflage in Klammern
- ", &" vor dem letzten von mehreren (bis zu sechs) Namen
- Datumsangaben wie: 2005, May 13
- Titel (Buch, Sammelwerk, Journal) kursiv oder unterstrichen Nur vor Sammelwerken ". In "
- Multimedia Material steht nach dem Jahr "[Video]."
- Auflage in Klammern, Journal-Ausgabe-Nr. und Multimedia-Version aber nicht; z.B. "release 2.1 rev. [Computer program]."

---

50 Die University of Queensland Library, Guides, 2006 (APA 2005), www.library.uq.edu.au warnt: vor der Vielfalt:"The EndNote program comes with a large number of referencing styles (over 1000) ... in EndNote's Style Manager. ... you ... find many "standard" styles such as APA, Harvard, MLA, Chicago, and Vancouver. DO NOT USE the version of "Harvard" style that comes with EndNote: it is quite different from the various versions of Harvard style required in UTS." www.lib.uts.edu.au/information/endnote/styles

51 Vgl. University of Queensland Library, Guides, 2006 (APA 2005), www.library.uq.edu.au.

- Seitenangaben für Sammelwerke, Journale und Zeitungen jeweils unterschiedlich

Quellenangabe im Text: am Satzende; Seitenangaben nur wenn nötig (!) (if necessary) und bei direkten Zitaten.

Bsp.: "Dies ist wörtlich zitiert" (Hinz & Mohr, 2004, p. 94).
Hinz und Mohr (2004) sagen "dies ist wörtlich zitiert" (p. 94).

- **Harvard Style – Autor-Jahr-System**

Dieser Stil basiert auf dem AGPS Style Guide 5th ed.[52] und hat vielerlei Varianten (wie die von Snooks & Co., Canberra, 2002).

Name, Vorname in Initialen Erscheinungsjahr, *Titel*, Auflage, Verlag, Erscheinungsort.[53]

Bsp.: Bernstein, MR & Hill, PJ (eds) 2005, *Chemistry*, 4th edn, Mandarin, London.

Cook, D 2005, Foundations, *Nature*, viewed 7 May 2005, <http://www.apa.org/journals/cook.html>.

Besonderheiten:

- Literaturverzeichnis: auch nicht zitierte Quellen werden gefordert (!)
- Standardtrennzeichen: Komma
- Initialen der Vornamen ohne Leerzeichen und ohne Punkt
- Nur "&" vor dem letzten von mehreren Namen
- Abkürzung "2nd edn" "eds" ohne Punkte, "ed." aber mit Punkt
- Erscheinungsjahr ohne Klammern, mit Komma
- Titel (Buch, Sammelwerk, Journal) kursiv oder unterstrichen
- 'Beitrag' bei Journalen und Sammelwerken
  Nur vor Sammelwerken ", in "
- Multimedia Material steht vor dem Jahr "(videorecording)"
  oder auch nach Titel und Auflage/Version in Kommata
- Seitenzahlen stehen am Ende ", vol. 50, no. 2, pp. 49-52."
- InternetQuellen: "<http://www. ...>"

Quellenangabe im Text: am Satzende; Seitenangaben nur wenn nötig (!).

Bsp.: "Dies ist wörtlich zitiert" (Hinz & Mohr 2004, p. 94).
Hinz und Mohr (2004) sagen "dies ist wörtlich zitiert" (p. 94).

---

[52] APGS ist der Australian Government Publishing Service.

[53] Vgl. University of Queensland Library, Harvard, 2006, www.library.uq.edu.au.

- **MLA Style – Autor-Titel-System**

  Humanities style der Modern Language Association (MLA).

  | Name |, | Vorname |. | *Titel* |, | Auflage. | | Erscheinungsort |: | Verlag |, | Erscheinungsjahr |.[54]

  Bsp.: Bernstein, Sven D., Anne Moir, and David Jessel, eds. *Chemistry.* 4th ed. Berlin: Springer, 2002.

  Bsp. Journale: Name, Vorname. "Beitrag." *Zeitschrift* Jahrgang (Jahr): Seite/n [Anmerkung: ohne p oder pp].

  Besonderheiten:
  - Im Literaturverzeichnis nur zitierte Quellen
  - Standardtrennzeichen: verschiedene
  - Erster Vorname ausgeschrieben nach dem Namen, wenn bekannt;
  - Unterschiedliche Reihenfolge Name-Vorname
  - ", and" vor dem letzten von mehreren (bis zu drei) Namen
  - Ab vier Namen: erster Name und "et al." oder alle Namen
  - Titel (Buch, Sammelwerk, Journal) kursiv oder unterstrichen
  - "Beitrag" bei Sammelwerken, Journalen, etc.
  - Multimedia Material steht nach Titel "Video" zwischen Punkten

  Quellenangabe im Text: erfolgen am Satzende oder im lfd. Text, nur mit dem Namen des Autors, Seitenangaben nur wenn nötig (!).

  Bsp.: "Dies ist wörtlich zitiert" (Hinz & Mohr 94).
  Hinz und Mohr sagen "dies ist wörtlich zitiert" (94).

- **Vancouver Style – Autor-Titel-System**

  | Name | | Vorname in Initialen |. | Titel |. | Auflage. | | Erscheinungsort |: | Verlag |; | Erscheinungsjahr |.[55]

  Bsp.: Bernstein SL, Jessel D. Chemistry. 4th ed. Berlin: Springer; 2002.

  Besonderheiten:
  - Standardtrennzeichen: verschiedene
  - Initialen der Vornamen ohne Leerzeichen und ohne Punkt
  - Titel (Buch, Sammelwerk, Journal) nicht hervorgehoben
  - "(Serientitel; vol 13)" [vol ohne Punkt abgekürzt]
  - Seitenzahlen stehen am Ende nach ";" mit "p." kein "pp".

---

[54] Vgl. University of Queensland Library, MLA, 2004, www.library.uq.edu.au.

[55] Vgl. University of Queensland Library, Vancouver, 2005, www.library.uq.edu.au.

- **Chicago Style – Autor-Jahr-System**

  Diesen humanities style (aktuell 15th ed. rev. 2003) gibt es
  mit Fußnoten (A Style), (Foot)Notes-Bibliograhy Style für Natur- und Sozialwissenschaften und
  ohne Fußnoten (B Style), Author-Date System, In-Text Style für Geschichts-, Kunst-, Literaturwissenschaften.

  (B Style): [Name], [Vorname]. [Erscheinungsjahr]. [*Titel*]. [Auflage.] [Erscheinungsort]: [Verlag].

  Besonderheiten des B Style:
  - Im Literaturverzeichnis keine Zeitungsartikel (Quellen nur im Text)
  - Standardtrennzeichen: Punkt
  - Erster Vorname ausgeschrieben; unterschiedliche Reihenfolge Name-Vorname; "and" vor dem letzten von mehreren Namen
  - Titel (Buch, Sammelwerk, Journal) kursiv

  Weitere Einzelheiten und Varianten werden nicht näher dargestellt.

- **Turabian – Autor-Titel-System**

  Diesen Stil gibt es
  mit Fußnoten und
  ohne Fußnoten (In-Text Style).[56]

  [Name], [Vorname]. [*Titel*]. [Auflage.] [Erscheinungsort]: [Verlag], [Erscheinungsjahr].

  Besonderheiten:
  - unterschiedliche Reihenfolge Name-Vorname; ", and" vor dem letzten von mehreren Namen
  - Titel (Buch, Sammelwerk, Journal) kursiv
  - "Beitrag" bei Sammelwerken, Journalen, etc.
  - Journale und Magazine: "... (May 2002): 12-15."

  Weitere Einzelheiten und Varianten werden nicht näher dargestellt.

  Fußnoten mit fast vollständiger Quelle, aber anderer Zeichensetzung.

  Quellenangabe im Text: mit dem Namen des Autors, Jahr und Seite/n.

  Bsp.: "Dies ist wörtlich zitiert" (Hinz and Mohr[,] 1994, 94).

6.9

[56] Vgl. OSU, Ohio State University, Turabian, 2006, http://library.osu.edu.

c. Die Einträge im Literaturverzeichnis – Grundregeln

Die im letzten Punkt auszugsgsweise dargestellte Vielfalt von Zitier-Stilen hat leider dazu geführt, dass solche Stile für den wissenschaftlich mit Literatur Arbeitenden fast mehr zu einer Belastung als zu einer Hilfe geworden sind.

Zwar werden die Stile in jedem Werk jeweils durchgängig angewendet, beim Arbeiten mit vielen Quellen muss jedoch in jedem Werk ein anderer Code (Stil) mühsam entschlüsselt werden. Dadurch werden gerade die wesentlichen Ziele, die mit solchen Zitatregeln erreicht werden sollen (s.u.), deutlich verfehlt.

Mit den folgenden Zitatregeln wollen wir eine **Orientierung und einen Leitfaden für deutschsprachige Arbeiten** liefern. Dabei orientieren wir uns an den **Grundsätzen**, die bereits kurz im Vorwort beschrieben sind:

- Logik und Eindeutigkeit
- Lese- und (Über-)Prüfungsfreundlichkeit
- Klarheit, Übersichtlichkeit
- Möglichst wenig Zeichenvielfalt (Schreibfreundlichkeit)
- Gleiche Formalia für gleiche bzw. ähnliche Tatbestände
- Möglichst breite Akzeptanz und Verbreitung.

- **Grundform jeder Quellenangabe**

  Alle Quellenangaben folgen einer einheitlichen **Autor-Titel-Grundform**:

  [Name], [Vorname]: [Titel], [Erscheinungsort] [Erscheinungsjahr].

  In Anlehnung an die vorstehend beschriebenen **Autor-Jahr-Style**s (vgl. S. 117 ff.) findet heute auch die folgende Reihenfolge Anwendung:

  [Name], [Vorname] [(Erscheinungsjahr)]: [Titel], [Erscheinungsort].

  Dabei wird die Zeichensetzung rund um das Erscheinungsjahr unterschiedlich gehandhabt.

Wir beschreiben nachfolgend das traditionelle und am weitesten verbreitete **Autor-Titel-System**.

Da die einzelnen Elemente vielfältigste Formen und Varianten annehmen können, gibt es ebensoviele Spezialregeln für solche Sonderfälle, die im Folgenden dargestellt werden.

- **Namen**
  - **Vornamen**

    In der Regel reicht bei den Vornamen die Angabe der Initialen aus. Allerdings ist die Literaturbeschaffung bei vollständig ausgeschriebenen Vornamen leichter und wird deshalb – auch wegen geringerer Verwechslungsgefahr – zunehmend präferiert.
  - **Verfasser unbekannt**

    Quellen mit unbekanntem Verfasser erhalten statt des Autorennamens das Kürzel o.V. (ohne Verfasser).
  - **Herausgebernamen**

    Bei Herausgebernamen innerhalb des Textes der Quellenangabe wird zwar üblicherweise der Vorname vorangestellt, zu empfehlen ist aus Gründen der Gleichbehandlung jedoch die gleiche Reihenfolge wie bei Autoren-Namen: Name, Vorname.
  - **Titel der Autoren**

    Titel wie "Dr." oder "Prof." werden in Nachweisen **nie** angegeben.
  - **Berichte und Sammelwerke von Institutionen**, die **keinen Verfasser** oder Herausgeber nennen, werden unter der Institution mit dem Zusatz (Hrsg.) erfasst.

    Bsp.: Zettwerk AG (Hrsg.): Jahresbericht 2000, ...
  - **Mehr als drei Autoren**

    Nur Angabe des ersten Namens mit folgendem "*u.a.*" oder "*et al.*".

- **Titel und Untertitel der Quellen**

  Der Titel wird nicht vom Buchumschlag, sondern vom inneren Titelblatt (Schmutztitel) übernommen, um Ungenauigkeiten zu vermeiden.

  Dabei wird der Titel einer Quelle nie in Anführungszeichen gesetzt! Auch nicht bei Zeitschriftenartikeln (Redundanz!).

  Grundsätzlich wird der Titel vollständig, einschließlich Untertitel (nach Doppelpunkt oder Bindestrich) angegeben.

  Satzzeichen (wie Fragezeichen) im Titel werden mit angeführt, eine durchgängige Großschreibung wird aber nicht übernommen.

- **Auflage**

  Die Auflage wird erst ab der 2. Aufl. genannt, **nie 1. Aufl.** (Redundanz)! Außerdem wird sie **immer als Aufl. abgekürzt**.

  Zusätze wie "*erweitert*", "*verbessert*" werden nicht angegeben.
  Sie sind für die Beurteilung des Zitats schlicht überflüssig, denn sie sagen nichts darüber, ob die zitierte Aussage erst in der Erweiterung/ Verbesserung auftaucht oder schon in einer vorigen Auflage enthalten war.

  Es gibt allerdings Prüfer, die solche Zusätze wünschen (diese Angaben helfen offensichtlich zu überprüfen, ob sie sich eine neue überarbeitete, erweiterte Auflage eines Werkes für ihre Bibliothek zulegen sollten).

  Eine neuere Übung schreibt im Literaturverzeichnis die Auflage wie eine Fußnote als hochgestellte(!) kleine Zahl hinter das Erscheinungsjahr. [57]

- **Verlagsnamen**

  Die Angabe des Verlagsnamens ist bei deutschsprachigen Werken nicht Standard, wird aber zunehmend wie bei englischsprachigen Werken gewünscht, da er den Informationsgehalt erhöht.

  Wir bevorzugen eine systemkonforme Schreibweise des Verlagsnamens **vor dem Erscheinungsort** mit trennendem Komma (wie im Harvard Style).

  Bsp.: Reiners, Ludwig: Stilkunst, Beck, München 1991.

  Die zunehmend aus einigen anglo-amerikanischen Style Guides übernommene Stellung des Verlagsnamens nach dem Erscheinungsort mit trennendem Doppelpunkt halten wir für systemwidrig, da standardmäßig am Ende jeder Quellenangabe Erscheinungsort und Jahr zu finden sind.[58]

  Bsp.: Reiners, Ludwig: Stilkunst, München: Beck, 1991.

  Letztlich bleibt Ihnen aber die Auswahl einer Schreibweise überlassen.

---

[57] Vgl. Baade/Gertel/Schlottmann, Wissenschaftlich Arbeiten, 2005, S. 209-217 **und** Karmasin/Ribing, Arbeiten, 2006, S. 138. Zum einen ist das überflüssige und umständliche Schreiben solcher hochgestellten Zahlen eine Zumutung, zum anderen wird hier das Fußnotenzeichen verwirrend mißbraucht. Kreativität und Originalität sollten sich doch eher auf die Inhalte einer Arbeit beziehen als auf das Erfinden oder unkritische Übernehmen neuer formaler Varianten, von denen es ja leider schon zu viele gibt (siehe auch 6.9b). Interessant wird es sicher, wenn man in die hochgestellte Zeile auch noch in Kleinstschrift "erweitert" und "überarbeitet" einfügen will.

[58] Auch der bei dieser Schreibweise übliche Doppelpunkt nach dem Ort stellt eine zusätzliche und unsinnige Verkomplizierung der ohnehin schon schwierigen Schreibregeln für Quellenangaben dar.

- **Erscheinungsorte**

  Hier wird bei mehreren Erscheinungsorten uneinheitlich verfahren:

  Üblich ist es, bis zu drei Orte anzuführen.

  Bei mehr als drei Orten wird nur der erste Ort (Hauptsitz) mit folgendem "*usw.*" angegeben.

- **Erscheinungsjahr**

  Das Erscheinungsjahr steht standardmäßig am Ende der Literaturangabe, wird aber zunehmend nach vorn verlegt.

  Dabei wird verkannt, dass dies auch im anglo-amerikanischen Raum nur in einigen Styles üblich ist, während in anderen das Erscheinungsjahr wie im Deutschen nach Druckort und Verlag angegeben wird (vgl. Pkt. 6.9b).

- **Seitenzahlen**

  Bei **Artikeln**/Aufsätzen/Beiträgen **in Zeitschriften** und **Sammelwerken** sind die Anfangs- **und** Endseite anzugeben.

  Bsp.: Luchs, A.: Schreibtechnik, in: ZfbF 3/2005, S. 133 - 145.

- Bei **Beiträgen aus Sammelwerken,** Lexika etc. ist
  - sowohl **das Sammelwerk** unter seinem Herausgebernamen als auch
  - **der zitierte Beitrag** unter dem Verfassernamen aufzuführen.

  Beide sind **auch im Literaturverzeichnis** nachzuweisen.

  Bsp.: Schreib, A.: Literatur im Formalzwang, in: Sammler, A. (Hrsg.): Fachtagung, Band 1: Grundlagen, 2. Aufl., Heyne, München 2006, S. 133-145.

  Sammler, A. (Hrsg.): Fachtagung, Band 1: Grundlagen, 2. Aufl., Heyne, München 2006, S. 133-145.

Genau zu beachten sind bei **jeder Quellenangabe:**

- **Reihenfolge**

  Die Reihenfolge der Angaben ist weitgehend standardisiert (vgl. dazu S. 117 und die folgenden Seiten).

  Dadurch kann jeder Leser ohne nähere Erläuterung erkennen, um welchen Bestandteil der Quellenangabe (z.B. Titel oder Ort) es sich jeweils handelt und die Trennung der Bestandteile kann sich weitgehend einheitlich auf ein Komma beschränken.

- **Interpunktion**
  (Siehe auch die Beispiele der folgenden Seiten.)

  Das **Standard-Trennzeichen** zwischen den verschiedenen Bestandteilen einer Quellenangabe ist das **Komma** (mit wenigen Ausnahmen).

  Ausnahmen:

- **Nach Verfasser** und Herausgeber:	Doppelpunkt oder Komma
- **Mehrere Verfasser** trennen durch:	Semikolon oder Schrägstrich
- **Mehrere Erscheinungsorte**:	Komma oder Schrägstrich
- **Nach "in"**:	Doppelpunkt (bei Zeitschriften und Sammelwerken)

  - Kein Trennzeichen zwischen **Erscheinungsort und -Jahr** sowie zwischen **Diss**. und **Ort**.
  - Wenn die Reihenfolge *Ort: Verlag* gewählt wird, Trennung durch Doppelpunkt (überflüssig komplizierte Ausnahme vom Standard) und Komma nach **Verlag**.

  Jede Literaturangabe wird als **Satz** angesehen und beginnt mit einem Großbuchstaben und endet in der meist geübten Praxis mit einem (eigentlich überflüssigen) Punkt.
  Dies gilt auch für die Fälle, in denen eine www-Adresse am Ende des Satzes steht. Missverständnisse können dabei nicht entstehen, da eine www-Adresse nie mit einem Punkt endet.

- **Abkürzungen**

  Für Quellenangaben hat sich historisch eine Fülle von (meist lateinischen) allgemein akzeptierten Abkürzungen herausgebildet.

  Die wichtigsten Abkürzungen finden Sie unter Pkt. 6.8c, S. 115.

  Die Abkürzungen sind auch zu verwenden! Insbesondere ist die Auflage abzukürzen (**Aufl.**) und **nicht auszuschreiben!**

- **Auswahl alternativer Schreibformen**

  Im folgenden werden auch Alternativen dargestellt, die in der Praxis üblich sind. Wir empfehlen aus den im Vorwort genannten Gründen die jeweils erstgenannte Alternative.

In der Arbeit ist eine gewählte Variante strikt durchzuhalten.

Die folgenden Abschnitte d bis m enthalten sehr viele Auszeichnungen der Schrift wie fett und kursiv sowie unterschiedliche Spiegelstriche. Nur so konnten die Darstellungen im Sinne eines Nachschlagewerkes in solch kompakter Form erfolgen. Das wirkt zuerst sicher etwas verwirrend, alternativ müßten Sie sich aber wie in anderen Werken die gleichen Informationen über viele Seiten verteilt zusammensuchen.

d. Notwendige Angaben, Schreibweisen und Reihenfolge

In der **folgenden Aufstellung** und in Pkt. 6.9m finden Sie einen auf eine Seite komprimierten Überblick über die notwendigen Angaben zu einer Quelle in der Form eines Vollbelegs, wie er in **jedem Literaturverzeichnis** zu erfolgen hat.

6.9

Die stark zusammengefasste Darstellung der etwas komplizierten Regeln macht folgende Kurzzeichen erforderlich:

" .... "	Der Inhalt **zwischen** den Anführungszeichen[59] ist im Quellennachweis mit der angegebenen Zeichensetzung aufzuführen, und zwar:	
kursiv :	kursive Begriffe:	Zu ersetzen durch die Daten der Quelle (Beispiele in den Punkten d - k)
normal:	nicht kursive Begriffe:	Aus der Vorlage wörtlich zu übernehmen
• **fett** :	fette Begriffe:	Mindestangaben, Pflichtangaben
ggf. :	....	Zusatzangaben im Einzelfall

[59] Zur besseren Erkennbarkeit und Unterscheidung von wörtlichen Zitaten haben wir für die Kennzeichnung der Inhalte von Quellenangaben die geraden Anführungszeichen (Zoll-Zeichen) als graphisches Element gewählt, und zwar vorn und hinten hochgestellt (" ").

Darst. 31: Grundmuster für Quellenangaben im Literaturverzeichnis (Vollbeleg)

Grundmuster für Quellenangaben im Literaturverzeichnis (Vollbeleg)

• "***Name, Vorname***"	des/der Verfasser/s	
"***Nobilitätsgrad***"	(Frh.)	
"***Adelskennzeichnung***",	(von, de)	oder
"**o.V.**",		
• "**[*Kurztitel, Erscheinungsjahr*]:**"	bei den Kurzzitierweisen	
• "***Vollständiger Titel***",	mit Untertitel der Quelle oder des Beitrags	
ggf.: "Bd. *Nr.*",	bei mehrbändigen Werken	
ggf.: "bearb. von *Name*",	Bearbeiter	
ggf.: "*Name der Schriftenreihe*, hrsg. von/(Hrsg.) *Herausg.*, Band-/Heft-*Nr.*",		
ggf.: "in: *Titel der Zeitschrift/Zeitung*",	auch in üblicher Abkürzung	
ggf.: "in: *Titel des Sammelw.*, Band *Nr.*/Heft *Nr.*, hrsg. von *Name*",		oder
"in: *Titel des Sammelw.*, Band *Nr.*/Heft *Nr.*, (Hrsg.): *Name*",		oder
"in: *Name* (Hrsg.), *Titel des Sammelw.*, Band *Nr.*/Heft *Nr.*",		
ggf.: "*Nr.* Auflage",	nur ab 2.; aber ohne 'erweitert', 'verbessert'	
• "*Name des* ***Verlags***",	üblich bei englischsprachigen Werken	
• "***Erscheinungsort***"	außer inländische Zeitschriften	oder
"***Erscheinungsort/e*** **usw.**"	bei mehreren Orten	oder
"**o.O.**"	für 'ohne Ort'	oder
"*Ortsangabe* [Druckort]"	wenn nur der Druckort angegeben ist	
• "***Erscheinungsjahr***", oder	"*Jahrgang*",	oder
"**o.J.**", für 'ohne Jahr' oder	"o.J. [1998?]," bei nicht dokumentiertem Jahr	
ggf.: "*Nummer*", des Heftes	nur bei Zeitschriften ohne fortl. Seitennummern	
ggf.: "vom *Datum der Zeitung*",		
ggf.: "S. bzw. Sp. *erste bis letzte.*" bei Artikeln/Aufsätzen/Beiträgen in Zeitschriften und Sammelwerken (in der Fußnote reicht hier die Seitenangabe mit "f." bzw. "ff.")		

Beispiele dazu finden Sie in den folgenden Abschnitten.

e. Beispiele für die Schreibweise ausgewählter Elemente

Darst. 32: Beispiele für die Schreibweise ausgewählter Elemente

Namen

Schreiber, A.(bzw. Anton):	- Normalfall
- :	- ab zweitem Werk des selben Verfassers
- **;** *Zweitautor, A.*: oder *Ders.***;** *Zweitautor, A.*:	- dito, aber mit Co-Autor(en)
Bohlen, Bernd von:	- Adelskennzeichnung
Lippe, Karl Frh. von der:	- Nobilitätsgrad
Findling (ohne Vorname):	- fehlender Vorname
*Max, A.***;** *Fox, B.***;** *Aust, C.*: oder *Max, A./ Fox, B./ Aust, C.*:	- bis zu drei Autoren
Max, A. u.a.: oder *Max, A. et al.*:	- mehr als drei Autoren (nur erstgenannter Autor mit Zusatz 'und andere' bzw. 'et alii')
Mündl. Auskunft:	- (mit Namen, Ort und Datum)
o.V.:	- ohne Verfasser

Herausgebernamen von Herausgeberwerken

Wöhe, G. (Hrsg.):	Nur ein Herausgebername
- (Hrsg.):	Zweites Werk desselben Verfassers, hier als Herausgeber
Zettwerk AG (Hrsg.):	Eine Institution als Herausgeber, eine Person als Verfasser ist nicht erkennbar

Herausgebernamen von Sammelwerken, Schriftenreihen etc.

Aron, B.: Literatur im Formalzwang,
in: Fachkonferenz, Bd.1, Grundlagen, hrsg. von *Sammler, A.*, oder
in: Fachkonferenz, Bd.1, Grundlagen, (Hrsg.): *Sammler, A.*, oder
in: *Sammler, A.* (Hrsg.): Fachkonferenz, Band 1, Grundlagen,
2. Aufl., Heyne, München 2001, S. 133-145.

Erscheinungsorte

..., *München***,** *Berlin 2006.* ..., *München/Berlin 2006.*	mehrere Orte
..., *München usw. 2006.*	mehr als drei Orte
...., *o.O. 2006.*	ohne Ortsangabe
..., *Berlin [Druckort] 2006.*	nur Druckort bekannt

Mehrere Jahrgänge periodischer Veröffentlichungen

Zettwerk AG (Hrsg.):	Jahresbericht 2003, 2004, 2005, ...

6.9

f. Beispiele für verschiedene Arten von Quellen

Darst. 33: Beispiele für verschiedene Arten von Quellen

Eigenständige Titel	
Schreib, A.:	Literaturangaben in Arbeiten, Bd. 2, 3. Aufl., Hansaverlag, Rostock usw. 2004.
o. V.	BWL, Heyne, München 2003.
Titel aus Schriftenreihen	
Gerdes, G.:	Seminararbeiten, Uni-Taschenbücher, Nr. 217, 7. Aufl., Haupt, Bern, Stuttgart 2003.
Schreib, A.:	Erlebnisorientierung, Band 3 der Schriftenreihe der Hochschule, (Hrsg.): *Sammler, A.*, Ulm 2005.
Titel aus Sammelwerken	
Schreib, A.:	Literatur im Formalzwang, in: *Sammler, A.* (Hrsg.): Fachtagung, Band 1: Grundlagen,
oder	in: Fachtagung, (Hrsg.): *Sammler, A.*, Band 1: Grundlagen,
oder	in: Fachtagung, hrsg. von *Sammler, A.*, Band 1: Grundlagen, 2. Aufl., Heyne, München 2004, S. 33-45.
Aufsätze aus Zeitschriften und Zeitungen	
Luchs, A.:	Schreibtechnik, in: ZfbF 3/2001, ... oder ... 3 (2001), S. 3-5.
Tipper, B.:	Diplomarbeiten und Journalismus, in: IO-Industrielle Orga. (Basel), 6.Jg.(2002), Nr.3, S. 5-7.
oder	in: IO-Industrielle Orga. (Basel), 6. Jg., Nr.3, 2002, S. 5-7.
Herder, C.:	Literatur in Hausarbeiten, in: Kurier, Morgenausgabe Nr. 4711 vom 01.04.2004.
Beiträge aus Handbüchern, Handwörterbüchern und Lexika	
Schreib, C.:	Stichwort "Controlling", in: Lexikon der Wirtschaft, hrsg. von *Lück, W.*, Vahlen, München 2000, S. 120-122.
Dissertationen	
Dorand, H.:	Literaturverzeichnisse im Chaos, Diss. Jena 2003.
Werke von Institutionen	
Z-Bank (Hrsg.):	Monatsberichte der Zentralbank, 2003, Nr. 11, S. 3-8.
Werk AG (Hrsg.):	Bericht für 2005, Neustadt [Druckort] o.J., S. 13-15.
Ohne Verfasser, Vorträge, mündl. Auskünfte	
o.V.:	Die Literaturangaben in der Praxis, Vortrag auf dem 3. Kongress, Zürich, 01.04.2003.
Mündl. Auskunft:	Zahlenschätzungen nach Angaben von Herrn Prognos, Leiter Planung, Future AG, Weimar, vom 01.04.2006.

g. Internet-Quellen im Literaturverzeichnis

- **Grundsatz**

Grundsätzlich folgen **Internet-Quellenangaben** den **Grundregeln**, die **für gedruckte Quellen** gelten (s. S.117). Die Besonderheiten des flüchtigen Mediums, insbesondere die anderen Ablageformen und die damit verbundene Vorläufigkeit erfordern jedoch einige Modifizierungen.[60]

- **Besonderheiten der Flüchtigkeit des Internet**

Internet-Inhalte haben oft nur einen kurzen Bestand mit unbekannter Dauer. Dieser Umstand wiederum beeinträchtigt die für wissenschaftliche Arbeiten notwendige Überprüfbarkeit zitierter Quellen oder macht sie sogar ganz unmöglich.[61]

- **Sicherung der Quellen**

Die im Internet sehr flüchtigen Quellen können nur durch einen Ausdruck dauerhaft gesichert werden. Beim Drucken über Ihren Browser wird i.d.R. die genaue Internet-Adresse und das Zugriffsdatum festgehalten.

Eine andere Möglichkeit ist, sich das Dokument selbst per Email zuzusenden. Auf diese Weise erhält man Dokument, Internet-Adresse und Zugriffstag.

- **Sichern der Nachprüfbarkeit der Quellen**

Zitierte Quellen müssen grundsätzlich so nachgewiesen werden, dass der Leser sie auch zu einem späteren Zeitpunkt finden und nachvollziehen kann. Dies ist bei dem flüchtigen Medium Internet wie bei Interviews und unveröffentlichten Manuskripten nicht immer ausreichend gesichert.

Zur Abhilfe werden drei Verfahren vorgeschlagen:

- Beifügen der ausgedruckten Quellen im Anhang der Arbeit.
- Archivieren und Bereithalten der ausgedruckten Quellen durch den Autor für Anforderungen durch Prüfer und Leser.
- Archivieren und Bereithalten der Information auf CD/Diskette durch den Autor.

---

[60] Viele Autoren von Zitieranweisungen (vgl. bspw. Standop/Meyer, Form, 2004, S. 88-90) erfinden dagegen eine nicht nachvollziehbare Fülle verschiedenster (überflüssiger) Sonderzeichen für die Angabe von Internet-Quellen. In den USA haben die Empfehlungen von Walker, Citations, 1995 eine gewisse Verbreitung gefunden.

[61] Aus diesem Grund gibt es den Vorschlag, vor einer Internet-Quellenangabe den Hinweis "AVL:" für available/verfügbar einzufügen. Eine sichere Aussage über die spätere Verfügbarkeit nach dem Zugriffszeitpunkt der Zitierenden ist aber auch dann nicht möglich.

Wir bevorzugen das Archivieren beim Autor, um nicht im elektronischen Zeitalter eine neue Papierlawine in Gang zu setzen. Dann sollten Sie Ihre Adresse für Nachfragen – auch von Dritten – auf dem Deckblatt der Arbeit angeben.

Bitte klären Sie mit Ihren Prüfern, ob Sie unaufgefordert oder erst bei Nachfrage Ihre Quellendokumentation abgeben sollen.

- **Zugriffsdatum und -zeit**

Wegen des unsicheren Bestandes muss bei Internet-Quellenangaben wenigstens das Zugriffsdatum genannt werden. Ggf. auch die Uhrzeit, wenn die Gefahr besteht, dass sich die Daten innerhalb eines Tages verändern.

- **Datumsangaben**

Die Reihenfolge der Datumsbestandteile ist international nicht genormt. Auch wenn die meisten Angaben aus amerikanischen Quellen stammen, und die amerikanische Datumsangabe als nichterklärter Standard zu bezeichnen ist, so kann die Angabe 02.04.01 die folgenden verschiedenen Bedeutungen haben:

MM TT J J	04. Feb. 2001	USA
TT MM J J	02. Apr. 2001	Deutschland
J J MM TT	01. Apr. 2002	China

Aus diesem Grund sind die Datumsangaben für Internet-Quellen nur dann international eindeutig, wenn der Monat in Buchstaben (abgekürzt) und das Jahr vierstellig geschrieben werden.

Reine Monatsangaben bleiben meist auch in der rein numerischen Darstellung, z.B. 4/03, eindeutig (bitte im Einzelfall prüfen).

Vorsicht beim Datum auf Web-Seiten. Hier ist nicht immer ersichtlich, ob das Datum die Entstehung des Dokuments oder z.B. die letzte Änderung bezeichnet.

- **Trennung der URL beim Zeilenwechsel**

Trennungen der Internet-Adressen (URL) am Zeilenende sollen nicht mit einem Trennstrich (-), sondern ohne Trennzeichen erfolgen, der Trennstrich könnte sonst leicht als Adressbestandteil missverstanden werden.

Ob die Trennung vor oder nach einem Schrägstrich (/) bzw. Punkt in der URL erfolgen soll, ist nicht befriedigend zu lösen. [62]

[62] Eine Trennung erzielen Sie leicht, wenn Sie ein Leerzeichen und danach eine Zeilenschaltung (neue Zeile) an der Trennstelle einfügen.

Der Schrägstrich vor der Trennung deutet wenigstens die Fortsetzung der Adresse an, während ein Punkt nach der Trennung verhindert, dass der Punkt am Zeilenende auch ein Ende der Adresse signalisiert.

Die für den Leser deutlichste Trennung ist wohl vor einem Punkt, aber nach Sonderzeichen wie einem Schrägstrich. Meist wird allerdings die missverständlichere Trennung nach Punkt und Sonderzeichen empfohlen.

- **Besonderheiten von Internet-Quellen**

Vorsicht bei Internetangeboten von Zeitungen und Info-Diensten. Oft gibt es einen Ordner für die Artikel der laufenden Woche bzw. des laufenden Monats, aber nach einer gewissen Zeit werden die Artikel dann chronologisch abgelegt. Hier empfiehlt es sich, nach Abschluss der Arbeit die URLs noch einmal zu überprüfen und die aktuellen anzugeben.

Bsp.: www.chinaonline.com: *Die aktuelle Ablage ist in Branchen und Ordner wie* .../currentews/ *unterteilt:* www.chinaonline.com/industry/financial/currentnews/ secure/ C00080305.asp. *Im Nachrichtenarchiv werden die Artikel dann aber chronologisch abgelegt.* www.chinaonline.com/industry/financial/NewsArchive/ Secure/2000/January/ b200012618.asp.

6.9

h. Muster für Internet-Quellen

Darst. 34: Grundmuster für Internet-Quellen im Literaturverzeichnis

Grundmuster für Internet-Quellenangaben	**(Literaturverzeichnis)**
• "***Name, Vorname***":	der/des Verfasser/s
ggf.: [***"Kurztitel", "Erscheinungsdatum"***]:	bei den Kurzzitierweisen
• "***vollständiger Titel***",	mit **Untertitel**
ggf.: "in: *Titel des Beitrags*",	
ggf.: "Ver. *Versionskennzeichen*",	
• "***Datum***", oder "***o.J.***",	
ggf.: "*Rev. Datum*",	(Datum der letzten Revision bzw. des letzten Standes)
• "***Internet-Adresse des Dokuments mit kpl. Pfad zur Datei***"[63],	
• "***Zugriffsdatum,*** ggf. ***-zeit***".	(Monat in Buchstaben, Jahr vierstellig)

[63] Ohne „URL“. Bei www-Adressen kann das http:// weggelassen werden.

Bsp.: Walker, Janice R.: MLA-Style Citations of Electronic Sources, 1/95, Rev. 4/95, www.lic.ac.uk/~srlclark/walker.html, *23. Apr.1997.*

Bsp.: o.V.: Declaration of Independence, o.J., ftp://ota.ox.ac.uk/pub/ota/public/laws/usa/indep, *29. Apr.1997*

!! **Keinesfalls ausreichend** ist eine simple Quellenangabe der URL nach dem Muster: www.lic.ac.uk/~srlclark/walker.html

Sonderfall: Zugriff nur mit Anmeldung/Passwort/User-ID möglich

Zum Teil ist es notwendig, sich erst auf der Homepage anzumelden. Erst dann kann man auf ein gewünschtes Dokument zugreifen.
In diesen Fällen sollte ein Hinweis *direkt* hinter der Internet-Adresse erfolgen:

... "*Adresse*" [Anmeldung], "*Dateipfad*",... besser:
... "*Adresse*" [login: *Kennwort*, password: *Passwort*], "*Dateipfad*",...

Bsp.: ... Far Eastern Economic Review, www.feer.com *[Anmeldung], ...*

Bsp.: Wang Jing: Internet in China, telnet://apt.las.cn, *[login: guest, password: helo01],* faq.txt, *29.Apr.1997*

Der Zugang ist bei solchen Anbietern oft kostenfrei, man muss sich aber vor dem Zugriff auf den Nachrichtenbereich mit ***Passwort*** und ***User-Id*** freischalten (einloggen) bzw. sich zuerst registrieren, um Passwort und User-Id zu erhalten.

Darst. 35: Grundmuster für Email-Quellen im Literaturverzeichnis

Email **(Literaturverzeichnis)**

Wie in US-Zitat-Empfehlungen wird empfohlen, beim Zitieren von persönlicher Email die Internet-Adresse wegzulassen mit dem Hinweis "Pers. E-mail"; es sei denn, der Absender ist mit der Angabe seiner Adresse einverstanden oder es handelt sich um eine Institution.

- "***Name, Vorname***": des Absenders

ggf.: ["***Kurztitel***", "***Erscheinungsdatum***"]: bei den Kurzzitierweisen

ggf.: "*Institution*",

ggf.: "*Ort*",

- "**Betr./Subject: *Betreff-Zeile***",
- "**Pers. Email**", oder "***Email-Adresse***",
- "***Datum der Email,*** ggf. ***Zeit*** ". (Monat in Buchstaben, Jahr vierstellig)

Bsp.: Negroponte, Nicholas: Subject: on its own, Pers. Email, 1.Jan.1997.

Darst. 36: Grundmuster für Mailing-Listen im Literaturverzeichnis

Mailing-Listen	**(Literaturverzeichnis)**
Mailing-Listen haben oft zwei Adressen: Versandadresse (Broadcast-Adresse) und Subskriptions-Adresse. Als Quelle sollte dann nur die Subskriptions-Adresse angegeben werden. Darunter erreicht man den Listenverwalter oder das Verwaltungsprogramm der Mailingliste. Eine zur Überprüfung der Quelle an die Broadcast-Adresse gesandte Email würde dagegen an ALLE Abonnenten der Mailingliste verteilt werden.	
• "***Name, Vorname***":	des Verfassers
ggf.: ["***Kurztitel***", "***Erscheinungsdatum***"]:	bei den Kurzzitierweisen
• "**Betr./Subject:** ***Betreff-Zeile***",	
• "***Datum***",	(Monat dreistellig in Buchstaben, Jahr vierstellig)
• "***Uhrzeit***",	(da mehrere Beiträge pro Tag existieren können)
• "***Internet-Adresse des Dokuments mit kpl. Pfad zur Datei***",	
• "***Zugriffsdatum,*** ggf. ***-zeit***".	(Monat in Buchstaben, Jahr vierstellig).
*Bsp.: Vonortas, Nicholas S.***:** *Subject: What is for the World Bank to do***,** *14.Jun.1996***,** *21:48***,** knowled@vita.org. *Bsp.: Vincent, Harold E.***:** *Subject: Information Society Political Economics ("How can I get a good job online?")***,** *10.Jul.1996, 4:28* ispo@www.ispo.cec.be.	

Darst. 37: Grundmuster für Newsfeeder-Quellen im Literaturverzeichnis

Newsfeeder	**(Literaturverzeichnis)**
• "***Name, Vorname***":	der/des Verfasser/s
ggf.: ["***Kurztitel***", "***Erscheinungsjahr***"]:	bei den Kurzzitierweisen
• "***vollständiger Titel,*** *mit Untertitel*",	
• "**in:** ***Titel der Schrift***",	
• "***Datum***",	
• "***Name des Newsfeeders***",	(wenn nicht vollständig in der Adresse enthalten)
• "***Internet-Adresse*** *des Newsfeeders*",	
• "**Zugriffsdatum,** ggf. ***-zeit***".	(Monat in Buchstaben, Jahr vierstellig)
*Bsp.: Frook John Evan***:** *Cisco to generate nearly $1.8 billion online***,** *in: Communikations Week, 12.Jun.1996, Pointcast***,** www.pointcast.com, *15. Jun.1996,* *12:50 p.m. EST.*	

6.9

i. Muster für Radio- und TV-Quellen

Darst. 38: Grundmuster für Radio- und TV im Literaturverzeichnis

Grundmuster für Quellenangaben	**(Literaturverzeichnis)**
• "***Name, Vorname***": der/des Verfasser/s	(Redakteur, Produzent, Produktionsgesellschaft)
• "***vollständiger Titel***", mit **Untertitel,**	(des Beitrags)
ggf.: ["***Kurztitel***", "***Erscheinungsjahr***"]:	bei den Kurzzitierweisen
ggf.: "in: *Titel der Sendung*",	(der Rahmensendung)
• "***Sender***",	
• "***Datum***",	
• "***Uhrzeit***".	
Bsp.: Meier, R.: Kursverluste, in: WISO, ZDF, 11. Jan. 04, 20 Uhr.	

j. Muster für CD-ROM- und Video-Quellen

Darst. 39: Grundmuster für CD-ROM- und Video im Literaturverzeichnis

Grundmuster für Quellenangaben	**(Literaturverzeichnis)**
• "***Name, Vorname***": der/des Verfasser/s	(Redakteur, Produzent, Herausgeber, Produktionsgesellschaft)
ggf.: ["***Kurztitel***", "***Erscheinungsjahr***"]:	bei den Kurzzitierweisen
• "***vollständiger Titel***", mit ***Untertitel,***	(des Beitrags)
• "in: ***Video / CD***",	
ggf.: "*Titel des Sammelwerkes*" und "*Herausgeber*",	(s. Bücherquellen)
ggf.: "Vol. *Nummer: Vol.-Bezeichnung*",	(bei mehreren 'Bänden')
• "***Name des Verlags***",	(ersatzweise Copyrightgeber)
• "***Erscheinungsort***",	
• "***Erscheinungsjahr***",	(ersatzweise Copyright-Jahr)
ggf.: "*Genauere Fundstelle*".	(analog Zeitschriftenseiten, ggf. Stichwort oder Suchweg)
Bsp.: Golla, A.: [Browser, 1995] *Browser und Viewer, in: CD, Erste Hilfe Kasten WWW, hrsg. von N.N., Vol. 1: Tool-Sammlung, Sybex, Düsseldorf o.J. [©1995], Stichwort Viewer.*	

Die URL von **Bildern** erhalten Sie über die rechte Maustaste. Ist diese Funktion abgeschaltet, nehmen Sie die URL, in der das Bild eingebunden ist.

Für die Wiedergabe von **Audio- und Video-Dateien** aus dem Internet benötigt man z.T. eine spezielle Player-Software. Falls diese nicht in Ihre Quelle integriert ist, sollten Sie sie im Quellennachweis angeben.

Sinn dieser Regeln für Quellenangaben ist nicht, die technischen Finessen des 'versteckten' Einbaus von Videos und Bildern nachzuvollziehen, sondern allein, dem Leser ein Auffinden der Quelle zu ermöglichen.

Vorsicht bei der Verwendung von **Lexika** anderer Ausgaben als dem Land Ihrer Arbeit. Je nach Länderausgabe unterscheiden sich z.T. die 'Fakten'. So benennt die italienische Ausgabe von MS Encarta Antonio Meucci als Erfinder des Telefons und nicht wie sonst Graham Bell.[64]

Quellen, die **im Internet zusätzlich** bestehen, sollen vorzugsweise nach der gedruckten Version zitiert und nachgewiesen werden. Die URL kann dann nach diesem Nachweis ergänzend erfolgen.

k. Muster für Gesetze, Verordnungen, Richtlinien als Quellen

In juristischen Fachkreisen werden unterschiedlichste Zitiervarianten gepflegt. Wir schlagen vor, sich konsequent an das bisher beschriebene Zitiersystem anzulehnen. Klären Sie aber bitte unbedingt mit Ihrem Prüfer, ob die gewählte **Zitierweise** von ihm auch akzeptiert wird!

- Gesetze, Verordnungen, Anweisungen, Richtlinien etc. sind im Original hierarchisch gegliedert (z.T. mit unterschiedlichen Bezeichnungen):

Paragraph(en), Artikel	§ (§§), Art.	Satz	S.
Abschnitt	Abschn.	Halbsatz	Hs.
AbsatzAbs.	Nr. / Ziffer	Nr. / Ziff.	
		Buchstabe	Buchst.

- Die **Quellenangabe** führt diese Gliederungs-Elemente der Original-Quelle hintereinander mit der jeweils zutreffenden Nummer auf, gefolgt von der Bezeichnung des Gesetzes o.ä. (oder dessen Abkürzung).

  Bsp.: § 13 Abs. 2 S. 1, 3. Hs. EStG oder
  § 13 II, S. 1, 3. Hs. EStG

  Die einmal gewählte Variante muss aber beibehalten werden.

[64] Schulzki-Haddoutti, Microsoft: Kaschmir gehört zu Indien, www.heise.de/tp/deutsch/inhalt/te/5056/1.html, 06.08.00.

- **Form der Quellenangabe von Gesetzen**

  Zitierte Gesetze u.ä. werden üblicherweise in den Text eingebaut und **nicht in einer Fußnote** belegt. D.h., es werden auch keine Autoren, Herausgeber oder Gesetzessammlungen genannt.

  Bsp.: Nach § 6 Abs. 1 Nr. 2a EStG ist nur die Lifo-Methode ... anerkannt.

  Nur ausnahmsweise und bei Verweisen und Verbindungen erfolgt eine Angabe in der Fußnote.

  Bsp.: [21] Vgl. § 173 Abs. 3 AktG.
  [23] Vgl. Abschn. 36 Abs. 3 bis 5 EstR.
  [27] Vgl. § 256 Satz 2 HGB i.V.m. § 240 Abs. 4 HGB.

- **Original-Zitate**

  Für **Gesetzestexte** u.ä. sowie **Urteile** und **Beschlüsse** ist als Quelle grundsätzlich nur die entsprechende amtliche Sammlung zu verwenden und anzugeben.

  Nur in Ausnahmefällen sind Sekundärquellen wie Gesetzessammlungen, Kommentare und Fachzeitschriften zulässig, müssen dann aber auch genannt werden.

- **Abkürzungsverzeichnis für Gesetze**

  Die offiziellen! Abkürzungen der Gesetze (AktG, HGB, ...) erscheinen nicht im Literaturverzeichnis, sondern im Abkürzungsverzeichnis.

I. Muster für Urteile und Beschlüsse als Quellen

Darst. 40: Grundmuster für Urteile und Beschlüsse im Literaturverzeichnis

Grundmuster für Entscheidungen (Urteile und Beschlüsse) als Quellen	
• **"*Gericht* und *Stadt*",**	(Stadt nicht bei obersten Gerichten)
• **"Urteil (Urt.)** bzw. **Beschluss (Bs.) v. *Datum*",**	(der Urteilsverkündung)
• **"Aktenzeichen** oder **Az. *Aktenzeichen*",**	
ggf.: "(*Vermerk über Rechtsfähigkeit o.ä.)*",	
• **"*Amtl. Quelle*",**	(der Veröffentlichung bzw. des Abdrucks)
ggf.: "*Weitere Quelle*",	(der Veröffentlichung bzw. des Abdrucks)
ggf.: "*Stichwort*",	(als Titel der Entscheidung)
ggf.: "*Text-Seite in Ihrer Arbeit*".	(in der Sie das Urteil zitiert haben)

m. Muster für Kommentare als Quellen

Darst. 41: Grundmuster für Kommentare im Literaturverzeichnis

Grundmuster für Quellen aus Kommentaren	**(Literaturverzeichnis)**
• "***Name*, *Vorname***", "**o.V.**",	des/der Verfasser/s, oder für 'ohne Verfasser'
ggf.: "bearb. von *Name*",	
ggf.: "*Vollständiger Titel*",	mit *Untertitel* des Beitrags
ggf.: "*Name d. Schriftenreihe*, hrsg. von/(Hrsg.) *Herausg.*, Band-/Heft-*Nr*",	
ggf.: "in: *Titel der Zeitschrift*",	auch in üblicher Abkürzung
ggf.: "in: *Titel des Komment.*, Band *Nr.*/Heft *Nr.*, hrsg. von *Name*", oder "in: *Titel des Komment.*, Band *Nr.*/Heft *Nr.*, (Hrsg.): *Name*", oder "in: *Name* (Hrsg.), *Titel des Komment.*, Band *Nr.*/Heft *Nr.*, *Bandtitel.*",	
ggf.: "*Nr.*" und "*Datum*",	der Loseblattlieferung
ggf.: "*Nr.* Auflage",	nur ab 2.; ohne "erweitert", "verbessert"
• "*Name des **Verlags***",	üblich bei englischsprachigen Werken
• "***Erscheinungsort***", "**o.O.**" für 'ohne Ort', "*Ortsangabe* [Druckort]",	erste/r, außer bei inländischen Zeitschriften; weitere Orte durch "**usw.**" oder wenn nur der Druckort angegeben ist
• "***Erscheinungsjahr***", oder "**o.J.**", für 'ohne Jahr' oder	"*Jahrgang*" oder "o.J. [1993?]" bei nicht dokumentiertem Jahr
ggf.: "*Nummer*",	des Heftes; nur bei Zeitschriften ohne fortlaufende Seitennummern
ggf.: "*Stand der Loseblattsammlung (Datum der letzten Lieferung)*",	
• "***Fundstelle***".	**§** und wenn vorhanden, Randnummer oder Anmerkung anstelle der Seite z.B.: § 13 RdNr. 3-7 – § 9 Anm. 2
ggf.: "S. *erste bis letzte Seite bzw. Sp.*".	

6.9

6.10 Verzeichnis der Urteile und Beschlüsse

In diesem **Verzeichnis der Entscheidungen** (oder auch **Rechtsprechung**) werden bei umfangreicheren juristischen Abhandlungen die zitierten Urteile und Beschlüsse zusammengefasst dargestellt. Aufgrund der stark unterschiedlichen Anforderungen der Juristen empfehlen wir Ihnen, sich an die speziellen Empfehlungen Ihres Betreuers zu halten.

Eine **Sortierung** der Quellenangaben kann

- sowohl nach Gerichten als auch nach Urteilsdatum
- oder (in zwei getrennten Verzeichnissen) nach beiden Kriterien erfolgen.
- Ein zusätzliches Verzeichnis kann die Entscheidungen auch noch alphabetisch nach den Stichworten aufführen.

6.11 Versicherung / Ehrenwörtliche Erklärung

- Die ehrenwörtliche Erklärung oder Versicherung ist das **letzte** beschriebene Blatt einer Arbeit und **zwingender Bestandteil einer Abschlussarbeit** wie Diplomarbeit, Magisterarbeit bzw. Thesis.
- Bei Arbeiten auf einer 'niedrigeren' akademischen Stufe wie Hausarbeiten ist sie aber (noch) nicht üblich.
- Der Text dieser Versicherung wird meist von den Prüfungsämtern wörtlich zwingend vorgegeben.
- Beispiel für Diplomarbeiten (Fachbereich Wirtschaft einer Hochschule):

  Hiermit versichere ich, dass ich die vorliegende Arbeit selbständig und ohne Benutzung anderer als der angegebenen Hilfsmittel angefertigt habe. Alle Stellen, die wörtlich oder sinngemäß aus veröffentlichten und nicht veröffentlichten Schriften entnommen sind, sind als solche kenntlich gemacht. Die Arbeit hat in gleicher oder ähnlicher Form noch keiner anderen Prüfungsbehörde vorgelegen.
- Diese Versicherung ist handschriftlich mit Ort, Datum, Vor- und Nachname zu **unterschreiben**.
- Sie wird im Inhaltsverzeichnis nicht aufgeführt und erhält weder eine Seiten- noch eine Klassifizierungsnummer (Gliederungsnummer). Vgl. Pkt. 5.1f, S. 79.

7. Technik des Zitierens (Fußnoten und Quellen)

Welche Regeln muß ich bei Zitaten und ihren Quellenangaben beachten?

In Ihren Arbeiten sollen Sie die relevante Literatur suchen, finden, lesen und **verarbeiten**. Das heißt aber auch, dass Sie sich von den Literaturtexten lösen müssen, sie nicht abschreiben (unzulässig) und auch nicht inhaltlich durch mühsames Umformulieren fast abschreiben dürfen. Wörtlich zitieren sollten Sie nur Kernaussagen oder besonders gelungene, wichtige und kurze Formulierungen.

Für den Leser und Prüfer muss an jeder Stelle der Arbeit immer deutlich sein, welche Aussage von wem und aus welcher Quelle stammt. Für dieses 'transparent machen' wird die Technik des Zitierens angewendet.

Die Methode des Zitierens verlangt, dass alles Gedankengut, das von anderen übernommen wird, deutlich und überprüfbar gekennzeichnet wird. Daraus ergibt sich, dass alle nicht gekennzeichneten Stellen dem Verfasser zugerechnet werden.

Eine Ausnahme von der Zitierpflicht besteht nur bei allgemein bekanntem Wissen des Fachgebiets.

Richtiges Zitieren ist eine Selbstverständlichkeit und Grundvoraussetzung wissenschaftlichen Arbeitens im Sinne von:

Redlichkeit und Ehrlichkeit: Jede Übernahme fremder Gedanken, Ideen, Ergebnisse oder eine enge Anlehnung an sie sind nur zulässig, wenn ihre Urheber genannt werden. Andernfalls handelt es sich um geistigen Diebstahl, sogenannte **Plagiate**. [65]

Verdeutlichen der eigenen Leistung: Nur wenn die fremden geistigen Leistungen korrekt gekennzeichnet sind, kann der nicht gekennzeichnete Teil der Arbeit als eigenständige Leistung erkannt und bewertet werden.

Sicherheit für Autoren und Zitierende: Nur bei richtigem Zitieren können mögliche Fehlinterpretationen und Übernahmen von Fehlern aus Originalquellen eindeutig zugeordnet werden.

---

[65] Weil er mehrere Seiten abgeschrieben hatte, ohne dies zu kennzeichnen, ist erst im Jahr 2000 einem Juristen der Doktortitel aberkannt worden. Der Verwaltungsgerichtshof Mannheim wertete dies als arglistige Täuschung. Dabei sei unerheblich, ob die Arbeit ohne die übernommenen Textteile als selbständige wissenschaftliche Leistung anzusehen wäre.

Nachvollziehbarkeit und Überprüfbarkeit: Die Quellenangaben müssen sicherstellen, dass die Beschaffung der Quellen für den Leser ohne unnötige Unklarheiten und Mühen möglich ist. Dazu gehören:

- inhaltlich vollständige und präzise bibliographische Angaben und
- formal eine einheitliche Form der Quellenangaben.

Diesen Grundanforderungen dienen die folgenden Ausführungen zum Zitieren. Sie stellen im wesentlichen die allgemein erwarteten und akzeptierten **Regeln** dar. Dazu gehören

- **inhaltliche Vorschriften** und
- **Formvorschriften**.

Fast alle Prüfungsinstanzen (Prüfer, Fachbereiche, Fakultäten, Prüfungsämter) geben jedoch eigene Zitierrichtlinien heraus oder erwarten die Einhaltung bestimmter Varianten. Es ist daher dringend zu empfehlen, sich diese speziellen Regeln zu beschaffen.
Soweit solche Zitierrichtlinien von dieser Schrift abweichen, sollten Sie die **speziellen Richtlinien Ihrer Prüfungsinstanz strikt befolgen**.

Haben Sie sich für **eine Variante der Zitiertechnik** entschieden,
ist diese **in der gesamten Arbeit strikt durchzuhalten**.

7.1 Zitate

Was sind Zitate und was kann wie zitiert werden?

- **Zitate** sind wörtlich (direkte) oder sinngemäß (indirekte) **übernommene geistige Leistungen anderer** wie Gedanken, Ergebnisse, Auffassungen, Meinungen, Bilder, Töne usw.

  Ein Selbstzitat ist der Sonderfall, bei dem eine eigene Leistung des Verfassers aus einer anderen Veröffentlichung zitiert wird.

- **Quellen** sind die originalen Fundstellen solcher Zitate.

- **Zitierfähig** sind in der Regel nur veröffentlichte (d.h. öffentlich zugängliche) Quellen. Von Dritten kaum zu beschaffende Quellen wie mündliche Auskünfte, nicht veröffentlichte Haus-, Studien- und Diplomarbeiten oder Vorlesungs-Skripte sind damit nicht oder nur in Sonderfällen zitierfähig. Die Grundsätze wissenschaftlichen Arbeitens und die ehrenwörtliche Erklärung verbieten allerdings auch, solche Quellen unzitiert zu verwenden.

  Bei ausnahmsweiser Verwendung solcher Quellen sind sie so genau wie möglich zu belegen und ggf. im Anhang zu dokumentieren.

- Zitate und Literaturaussagen sind in den eigenen Gedankengang und Text zu **integrieren**, d.h. schlüssig einzuarbeiten und ggf. zu kommentieren.
- Zitate dürfen in ihrem 'neuen' Zusammenhang **nicht sinnverändert** oder **sinnverändernd** erscheinen.
- Jedes Zitat muss **wiederzubeschaffen** und **nachprüfbar** sein, d.h.
- Jedes Zitat ist in seinem Umfang (Anfang und Ende, wörtlich oder sinngemäß) **eindeutig** zu **kennzeichnen** und mit der genauen Fundstelle zu **belegen**.

  Alle wörtlich/direkt oder sinngemäß/indirekt aus Quellen übernommenen Gedanken (Zitate) sind als solche im Text kenntlich zu machen.

  Das gilt auch für Angaben, die nicht der Literatur entnommen, sondern z.B. durch persönliche **Befragung** in Erfahrung gebracht worden sind. Wenn es sich dabei um sensible Informationen aus Unternehmen etc. handelt, können und müssen sie selbstverständlich **anonymisiert** werden. Die Quelle und der Charakter der Quelle müssen aber immer deutlich sein.
- **Sekundärzitate**
  Grundsätzlich ist – um Verfälschungen, Fehlinterpretationen und 'Kettenfehler' zu vermeiden – die Originalquelle zu zitieren. Nur wenn das Originalwerk glaubwürdig nicht oder nur unverhältnismäßig schwer zugänglich ist, kann nach einer Quellenangabe in der Sekundärliteratur 'aus zweiter Hand' zitiert werden. Dass es sich um ein Sekundärzitat handelt, ist in der Fußnote kenntlich zu machen (*Bsp.: zit. bei ...*).

  Wenn die Fundstelle keine oder unzureichende Angaben über die Originalquelle macht, ist dies in der Fußnote ebenfalls zu verdeutlichen.
  Bsp.: ... dort ohne weitere/genauere Quellen-/Orts-/Seiten-/Jahresangabe/n.
- Jedes Zitat wird zu seiner eindeutigen **Kennzeichnung** an seinem Ende
  - mit einem **Fußnotenzeichen** versehen (s. Pkt. 7.4, S. 149) und in der Fußnote mit einer Quellenangabe belegt (s. Pkt. 7.5, S. 151 ff) werden.

Bsp.:	*Erläuterungen*
Text Text Text Text **Zitat**[2]	[2] = *Fußnotenzeichen/-hinweis*
Text Text Text Text Text[3]	[3] = *Fußnotenzeichen/-hinweis*
________________	*Zitierstrich / Fußnotenstrich: Trennlinie zu Fußnoten*
[2] Quellenangabe des Zitats, ggf. mit Anmerkungen	*Fußnotenzeichen mit Quellenangabe (Kleinschrift, engzeilig, Absatzabstand)*
[3] Anmerkungen, Verweise etc.	*Fußnotenzeichen mit Anmerkungen, Verweisen etc.*

7

Zur Stellung des Fußnotenzeichens und zum Inhalt der Fußnote bei längeren indirekten Zitaten vgl. auch Pkt. 7.1b, S. 146 Sinngemäße, indirekte Zitate.

- Alternativ erfolgt beim Kurzbeleg die Quellenangabe **direkt im Text**.

Zitate werden inhaltlich danach unterschieden, ob fremde Gedanken unverändert im Wortlaut übernommen (wörtliche, direkte Zitate) oder ob sie sinngemäß wiedergegeben werden (indirekte Zitate).

Zu den **Einzelheiten der Quellenangaben in den Fußnoten** schlagen Sie bitte unter Pkt. 6.9 S. 118 ff. **Literaturverzeichnis** nach.

a. Wörtliche, direkte Zitate

Wörtliche, direkte Zitate sind unveränderte Übernahmen fremder Ausführungen in den eigenen Text.

- Sie werden wie wörtliche Rede **zwischen Anführungszeichen** gesetzt.
- Die **Quellenangabe beginnt direkt** mit dem **Nachnamen** des zitierten Autors **ohne Vgl.** !!
  Bsp.: [3] Rossig/Prätsch, Leitfaden, 2006, S. 142.
- Sie müssen **original-** und **buchstabengetreu** wiedergegeben werden (mit Zeichensetzung, Rechtschreibung, Hervorhebungen und auch Fehlern) und dürfen nicht verändert oder verfälscht werden.
- **Veränderungen** durch den Verfasser sind in *eckigen Klammern* zu verdeutlichen:
  - Erkannte (Rechtschreib-) **Fehler** im Original sind direkt am Ende der betreffenden Stelle zu kennzeichnen durch [!] oder [sic!], d.h. 'wirklich so'.
    Bsp.: „Diese Tatsache beweist, das [!] kein Zusammenhang besteht."
  - **Einfügungen**, **Zusätze** oder **Ergänzungen** (Interpolationen) sind eckig einzuklammern. [66]
    Bsp.: „Diese [Analyse] kann weiterhin verwendet werden."

[66] Ein gelegentlich geforderter Hinweis wie bei Hervorhebungen [..., d. Verf.] ist entbehrlich, da dies bereits durch die eckige Klammer ausgedrückt wird.

- ◦ Eigene und weggelassene **Hervorhebungen**[67] im zitierten Text werden durch den eingeklammerten Zusatz [Herv. durch Verf.], [Herv. W.R.][68] oder [Herv. nicht im Original] gekennzeichnet.
  *Bsp.: „Dieses **Ergebnis** [Herv. durch Verf.] beweist die Annahme."*

- **Auslassungen** (Ellipsen) im Zitat (nicht am Beginn und Ende) werden durch fortlaufende Punkte (ohne Klammern) gekennzeichnet:

zwei Punkte	für ein ausgelassenes Wort,
drei Punkte	für mehr als ein Wort.

  Auslassungen dürfen die Aussage des Zitats aber nicht verändern!
  Bsp.: „Hier ist ... mit verschiedenen Ergebnissen zu rechnen."

- **Begriffe (Sogenanntes)**, die im Originaltext in Anführungszeichen stehen, werden in einem wörtlichen Zitat zwischen einfache Apostrophe (‚...') gesetzt.
  Bsp.: „wörtliches Zitat *‚wörtliches Zitat im Zitat'* Forts. wörtliches Zitat"[1].

- Am **Beginn und Ende** wörtlicher Zitate können Groß- und Kleinschreibung und Interpunktion dem eigenen Text angepasst werden.

- Wörtliche, direkte Zitate sollten **nicht mehr als zwei bis drei Sätze** umfassen. Sie sollten möglichst nur verwendet werden, wenn das Zitat besonders gelungen oder originell formuliert wurde.

- **Längere Zitate** sind einzurücken und engzeilig und in kleinerer Schrift zu schreiben.

- **Wörtliches Zitat in einem direkten (wörtlichen) Zitat**

  Das wörtliche Zitat im Zitat wird zwischen einfache Anführungszeichen (‚ ') gesetzt.
  In der Fußnote und im Literaturverzeichnis ist diese zweite **indirekt zitierte Quelle zusätzlich anzugeben**.

  Bsp.: „wörtliches Zitat *‚wörtliches Zitat im Zitat'* Forts. wörtliches Zitat"[1].

  [1] *Quelle A*, mit einem Zitat von *Quelle B*

- **Wörtliches Zitat in einem indirekten Zitat**

  Auch hier sind indirektes und wörtliches Zitat in der Fußnote getrennt nachzuweisen. Auch im Literaturverzeichnis sind beide Quellen aufzuführen.

[67] Sperrungen, Unterstreichungen, Fettdruck.

[68] W.R. steht hier als Autorenverweis für die Initialen des Verfassers der Arbeit und der Einfügung.

Bsp.: *TextTex* Indirektes Zitat *„wörtliches Zitat“* [1] Forts. indirektes Zitat[2].

[1] *Quelle A*
[2] Vgl. *Quelle B* oder: *Vgl. Quelle B mit einem Zitat von Quelle A*

- **Fremdsprachliche Zitate**

  Fremdsprachliche Zitate sind in übersetzter Form in den Text einzubauen und in der Fußnote im Original anzugeben (nach der Literaturangabe).
  Bsp.: [3] *Quelle*, Originaltext: *„Originaltext“*.

  Die Quellenangabe ist nach dem Titel des Beitrags zu ergänzen um Originaltitel und -sprache sowie den Übersetzer.

  Bsp.: [3] *Name, .. , Titel, .. (Originaltitel, .. Sprache),* übers. von *Name, ...,* Originaltext: *„Originaltext“*.

  Nur kürzere englische und französische Zitate müssen nicht übersetzt werden. Sie sind aber nur in begründeten Ausnahmefällen zu verwenden und dann in den Text einzubinden.

  Bsp.: Die Mikroumwelt wird dabei verstanden als „actors in the company's immediate environment that affect its ability to serve its customers“.[3] *Zur Mikroumwelt gehören demnach das Unternehmen selbst, seine Lieferanten, Absatzhelfer, Kunden, Wettbewerber und relevante Interessengruppen.*

b. Sinngemäße, indirekte Zitate

- Indirekte Zitate sind nicht-wörtliche Übernahmen von oder Anlehnungen an Gedanken und Ausführungen anderer Autoren.
- Der zitierte Text wird **nicht** zwischen Anführungszeichen gesetzt.
- **Die Quellenangabe** (in der Fußnote) **muss unbedingt mit 'Vgl.'** beginnen oder mit genaueren Hinweisen wie *In Anlehnung an* oder *Sinngemäß übernommen aus/von* (zur Unterscheidung von einem direkten Zitat).
- Der Zitat-**Umfang** (Anfang und Ende) muss **eindeutig** erkennbar sein.
- Auch bei **längeren** indirekten **Zitaten** steht das **Fußnotenzeichen am Ende** des Zitats (des zitierten Satzes oder Abschnitts), aber nicht hinter einer Überschrift. Oft reicht dies aber nicht aus, um den Umfang des Zitats eindeutig zu kennzeichnen. Hier ist ein verdeutlichender Verweis mit Angabe des Autoren-Namens angebracht.

So kann das längere Zitat mit entsprechenden Formulierungen entweder im Text eingeleitet oder in der Fußnote gekennzeichnet werden:

... dieser Abschnitt stützt sich weitgehend auf ..., oder
... basiert auf ...', oder
... gibt die Hauptgedanken von ... in ... wieder, oder
... wie von G. Wöhe dargestellt ..., oder
... nach Auffassung von B. Tietz ..., oder
Vgl. zu diesem Absatz/Abschnitt ....

!!! Die **exakte Unterscheidung zwischen direkten und indirekten Zitaten** muss **unbedingt eingehalten** werden. Verstöße gegen diese wichtigen Grundregeln wissenschaftlichen Arbeitens können bis zu einer **Abwertung** der ganzen Arbeit auf **"nicht ausreichend"** führen.

7.2 Inhaltliche Verweise (Querverweise)

Wie verweise ich auf die eigene Arbeit und andere Quellen?

7

- Bei einem **Hinweis auf andere Autoren**, Quellen oder **Stellen der eigenen Arbeit** (um z.B. unzulässige Wiederholungen im Text zu vermeiden) kann in der Fußnote ein Verweis in folgender Form erfolgen:
  - *Siehe dazu auch ...* und *Quellenangabe* bzw. *betreffende Stelle/Seite der eigenen Arbeit*
  - *Vgl. auch ...* oder *Vgl. dazu .....,* wenn etwas verglichen werden soll.
  - *Ähnlicher Auffassung ist ...*
- Gezielt eingesetzt, erleichtern inhaltliche Verweise das Verständnis des Argumentationsablaufs der Arbeit; zu viele Verweise auf die eigene Arbeit deuten aber eher auf eine zu überarbeitende Gliederung hin.
- Der Unterschied zwischen inhaltlichem Verweis und indirektem Zitat muss deutlich bleiben!

7.3 Sachliche Anmerkungen

Wie setze ich zusätzliche Informationen in meinem Text ein?

- Sachliche Anmerkungen sind tiefergehende **Ergänzungen** des Textes, die im laufenden Text aber eher stören würden.

  Solche vertiefenden Ergänzungen oder detailliertere Erklärungen einzelner Punkte könnten den Text aufblähen und den Lesefluss und die Aufmerksamkeit des Lesers beeinträchtigen. Besteht diese Gefahr, ist es angebracht, den Text als eine sachliche Anmerkung in einer Fußnote am Ende der Seite unterzubringen.

- Anmerkungen dürfen zum Verständnis oder zur Argumentation nicht unbedingt erforderlich sein und sollten daher auch nur sehr überlegt eingesetzt werden. Der laufende Text und die Argumentation müssen auch ohne alle Informationen in Fußnoten lückenlos verständlich sein.

  Generell gilt, dass wichtige Ausführungen in den Text gehören und unwichtige in der Arbeit nichts zu suchen haben. Anmerkungen können also lediglich in Zweifelsfällen eine Lösung sein.

- Anmerkungen können enthalten:
  - abweichende Aussagen / Definitionen — *Anderer Auffassung ist ...*
  - Ergänzungen, ergänzende Zitate — *Siehe auch ...*
  - Beispiele
  - zusätzliche Erläuterungen
  - weiterführende, vertiefende Literatur — *Vgl. hierzu vertiefend ...*
  - technische Hinweise

7.4 Fußnotentechnik

Was sind Fußnoten und wie gestalte ich sie?

> Zu den **Einzelheiten der Quellenangaben in den Fußnoten** schlagen Sie bitte unter Pkt. 6.9, S. 118 ff. **Literaturverzeichnis** nach.

a. Fußnotenzeichen / Fußnotenhinweis / Verweis im Text

Ein Fußnotenzeichen ist ein Hinweis im Text auf eine erläuternde Fußnote am unteren Seitenrand. Es verbindet den Text der Arbeit mit der Fußnote.

- Das Fußnotenzeichen besteht aus einer **hochgestellten** Zahl, deren **Schriftgrad kleiner** ist (ca. 1 bis 2 Punkt) als die Schrift des Textes.

  WinWord stellt sowohl den kleineren Schriftgrad als auch das Höherstellen über die Formatvorlage 'Fußnotenzeichen' automatisch ein. Dazu müssen Sie die empfehlenswerte automatische Fußnotenfunktion benutzen. Über den Shortcut STRG+ALT+F oder das Menü EINFÜGEN: FUßNOTE: AUTOWERT: OK bzw. EINFÜGEN: REFERENZ: FUßNOTE: EINFÜGEN wird das Fußnotenzeichen richtig eingefügt, formatiert und nummeriert und die Fußnote selbst zum Eingeben Ihres Textes angezeigt.

  Zuvor nehmen Sie bitte die Grundeinstellungen vor: EINFÜGEN: FUßNOTE: (OPTIONEN:) POSITION: Seitenende und ZAHLENFORMAT: 1,2,3,.. und BEGINNEN MIT/BEI: 1 und NUMMERIERUNG: fortlaufend.

- Es steht grundsätzlich **unmittelbar am Ende** eines jeden Zitats oder inhaltlichen Verweises.

  Bei **indirekten Zitaten** ist das Fußnotenzeichen vor oder nach dem entsprechenden Satzzeichen anzubringen, je nachdem, ob der ganze Satz, Halbsatz oder nur ein Teil davon zitiert wird:

Fußnotenzeichen	indirektes Zitat
nach dem Satzzeichen	ganzer Satz
vor dem Satzzeichen	Satzteile

  Bei **direkten Zitaten** steht das Fußnotenzeichen direkt hinter dem schließenden Anführungszeichen.

- **Mehrere Fußnotenzeichen** an einer Stelle sind unnötig und nicht zulässig. Wenn erforderlich, können in einer Fußnote beliebig weitere Verweise erfolgen (s. hierzu 7.5 S. 151).

- Zu Fußnotenzeichen **bei längeren Zitaten** siehe 7.1b S. 146 f.

7

b. Fußnoten

- **Inhalt**
  In den Fußnoten selbst werden Angaben aufgeführt, die im laufenden Text stören könnten wie:

- **Inhaltliche Verweise (Querverweise)**	(s. Pkt. 7.2, S. 147)
- **Sachliche Anmerkungen** des Verfassers	(s. Pkt. 7.3, S. 148)
- **Quellenangaben** für die im Text gekennzeichneten Zitate	(s. Pkt. 7.5, S. 151ff.)

- **Formvorschriften**

  - Fußnoten beginnen mit der hochgestellten Zahl des zugehörigen **Fußnotenzeichens** (ohne rechte Klammer)
    Bsp.: [7] Vgl. Wöhe, Nnnnnn.....

  - Der **Fußnotentext** wird als Satz aufgefasst. Er beginnt daher als 'Satzanfang' mit einem Großbuchstaben und endet üblicherweise mit einem Punkt. Dies gilt auch für die Fälle, in denen eine www-Adresse am Ende des Satzes steht. Missverständnisse können dabei nicht entstehen, da eine www-Adresse nie mit einem Punkt endet.

  - Die Fußnoten sind vom Textteil der Seite durch einen **Strich** (ca. 1/3 Seitenbreite) abzugrenzen.

  - Einzeiliger **Zeilenabstand**
    und 1-2 Punkt kleinere Schrift als im Text (ca. 9 bis 10 Pkt.).

  - Zwischen den Fußnoten ist ein **Absatzabstand** (ca. 1,5 Zeilenabstände oder 3 bis 6 Punkt) einzufügen.

  - Fußnoten sollen möglichst komplett auf der zugehörigen Textseite stehen.[69]

  - Sie werden über die ganze Arbeit durchnummeriert. Eine **Nummerierung** pro Seite ist auch möglich, aber veraltet.

  - Ein **Fußnotenverzeichnis** am Ende der Arbeit bzw. einzelner Kapitel (an Stelle der Fußnoten am unteren Seitenrand) ist nicht zulässig.[70]

---

[69] Ist bei automatischer Fußnotenverwaltung in der Textverarbeitung nicht immer realisierbar.

[70] Achtung bei der Auswahl des Textverarbeitungsprogramms!

7.5 Quellenangaben im Text und in Fußnoten (Zitate)

Die Quellenangaben für zitierte Quellen erfolgen in den Fußnoten (Ausnahmen: bei der sog. Harvard-Zitierweise und bei Darstellungen).

Die Quellenangaben für ...

- **indirekte Zitate beginnen mit** einem **"Vgl."**
  Bsp.: [3] Vgl. Tietz, Der Handelsbetrieb, 2. Aufl., München 1993, S. 12.
- **direkte Zitate** beginnen **ohne** solchen **Zusatz**
  Bsp.: [3] Tietz, Der Handelsbetrieb, 2. Aufl., München 1993, S. 12.
- **Darstellungen (Tabellen, Abbildungen, Graphiken)** beginnen mit "**Quelle: ...** "
  Bsp.: Quelle: Tietz, Der Handelsbetrieb, München 1985, S. 12.
  Sie stehen **nicht in einer Fußnote**, sondern **direkt unter** der Tabelle bzw. Abbildung! (vgl. Pkt. 6.6c, S. 112 und 7.5d, S. 158)
- **Zitate 'aus zweiter Hand' (Sekundärquelle):**
  "*Originalquelle*, **zit. /zitiert bei/nach:** *Zweitquelle*"
  Bsp.: [4] Vgl. Ott, Marketing, 1991, S. 3, zit. nach Meier, Verkauf, 1993, S. 5
  Im Literaturverzeichnis sind Original- **und** Sekundärquelle aufzuführen.

In allen Fällen ist die genaue Seitenzahl bzw. Spaltennummer der Fundstelle anzugeben.

Bsp.:	*S. 123.*	*bzw.*	*Sp. 123.*
	S. 123 f.	*oder*	*S. 123 - 124.*
	S. 123 ff.	*oder*	*S. 123 - 126.*

7

- **Mehrere Quellen in einer Fußnote**
  - Folgen einer Quellenangabe weitere Quellen oder Meinungen, ist jede Angabe mit einem **Semikolon** abzuschließen.
  - Jede folgende Angabe wird dann eingeleitet mit:

    bei einem indirekten Zitat
    "*vgl.*", "*vgl. dazu auch*", "*In Anlehnung an*"

    bei gleicher Meinung
    "*ebenso*", "*auch*", "*übereinstimmend*"

    bei abweichender Meinung
    "*a.M.*", "*anderer Meinung*", "*anders*", "*dagegen*", "*anders aber*"

Zum Verbessern der Lesbarkeit können
diese Zusätze fett oder kursiv hervorgehoben werden und
jede neue Angabe kann jeweils in einer neuen Zeile beginnen.

Bsp.: [3] *Schreiber, Zitierweise, 1992, S. 5;*
vgl. dazu auch *Nnnnn....;*
a.M. *Nnnnn.*

a. Grundformen der Quellenangaben (Zitate)

Die Quellenangaben erfolgen im wesentlichen in **zwei Grundformen**:

• **Vollbeleg**	in den Fußnoten	traditionelle Zitierweise
• **Kurzbelege**		
◦ **Erweiterter Kurzbeleg**	in den Fußnoten	wird **empfohlen**
◦ Reiner Kurzbeleg	in den Fußnoten	nicht empfohlen
◦ Reiner Kurzbeleg (Harvard-Zitierweise)	im laufenden Text	nicht empfohlen

Wir empfehlen für die **Quellenangaben**
die Form des **Erweiterten Kurzbelegs!**

b. Vollbeleg

- **Umfang**

Quellenangaben erfolgen beim Vollbeleg **zweimal vollständig:**

1. in den Fußnoten (wie im Literaturverzeichnis, aber ohne Untertitel, mit Seitenangabe)
2. im Literaturverzeichnis (als Vollbeleg, Bücher ohne Seitenangabe)

- **Ehemalige Abkürzungsmöglichkeiten**

Die folgenden Abkürzungsmöglichkeiten stammen aus der Zeit der Schreibmaschine und sollten auch der Vergangenheit angehören. Sie sind heute **unnötig** und **nicht zu empfehlen**, und sind bei Kurzbelegen generell **unzulässig**:

- Wenn überhaupt, sind sie **nur beim Vollbeleg** zugelassen
- Bei Textverarbeitungsprogrammen sind sie **unnötig** und grundsätzlich **nicht zu empfehlen**.

- Die leider immer noch verbreitete Verwendung des Verweises '**a.a.O.**' mit Bezug auf eine voranstehende Quellenangabe ist eine nicht akzeptable **Zumutung** für den Leser, der den Erstbezug mit hohem Suchaufwand irgendwo im davorstehenden Teil der Arbeit aufspüren darf, während der Verfasser nur eine unwesentliche Arbeits- und Platzersparnis erzielt hat.[71]

Darst. 42: Ehemalige Abkürzungen in Quellenangaben

Ehemalige Abkürzungsmöglichkeiten in Quellenangaben
Auf einer Seite wiederholte Angabe der gleichen Quelle: - Wird eine Quelle auf einer Seite wiederholt, aber nicht aufeinanderfolgend zitiert, genügte auf dieser Seite **a.a.O.** anstelle der Beschreibung des Werkes: *Bsp.: [3] Vgl. Wöhe, a.a.O., S. 3.* - Wird ein Verfasser auf einer Seite mit mehr als einem Werk in verkürzter Form mit *a.a.O.* zitiert, ist ein gleichbleibender ***Kurz-Titel*** der einzelnen Werke in allen Zitaten und im Literaturverzeichnis – als zusätzliche Angabe – erforderlich: (Vgl. 6.9d, S. 127 'Kurztitel bei den Kurzzitierweisen' und 7.5c, S. 154 'Kurzbelege'.) *Bsp.: [3] Vgl. Wöhe, Steuerlehre, a.a.O., S. 12.*
Unmittelbar auf einer Seite aufeinanderfolgende gleiche Quellen: - Wird **derselbe Autor** in mehreren unmittelbar aufeinanderfolgenden Quellenangaben zitiert, so kann der Name durch die Abkürzung ***Ders.*** oder ***Dies.*** ersetzt werden: *Bsp.: [3] Vgl. ders., Allgemeine Betriebswirtschaftslehre, S. 12.* - Wird **dasselbe Werk** in mehreren unmittelbar aufeinanderfolgenden Quellenangaben zitiert[72], darf die Quellenangabe auf *Ebd.* mit Seitenangabe verkürzt werden: *Bsp.: [3] Vgl. ebd., S. 12.*
Bei **Kurzbelegen** (vgl. 7.5c, S. 154) sind diese Abkürzungen nicht mehr notwendig und dürfen deshalb auch **nicht verwendet** werden.

[71] So auch Theisen, Arbeiten, 2005, S. 143 f.

[72] Hier wird zur Vorsicht geraten. Die mehrfache Zitierung eines Verfassers und Werkes auf einer Seite deutet regelmäßig auf eine unzureichend durchgearbeitete Arbeit hin.

c. Kurzbelege

Kurzbelege sollen die Quellenangabe verkürzen und Zitat und Literaturverzeichnis miteinander verbinden.

Alle Kurzbelege haben zum Ziel, den Fußnotenumfang kleiner zu halten.

Kurzbelege erfordern bei mehreren Beiträgen eines Autors in einem Erscheinungsjahr eine **Ergänzung**. Das Erscheinungsjahr wird im Literaturverzeichnis und in den Quellenangaben durch *a, b, ... etc.* ergänzt:

Bsp.:	*Fußnote:*	[3] *Vgl. Tietz (1987a), S. 12.*
	Literaturverzeichnis:	*Tietz, B. (Handel, 1987a), ...*

Die **Kurzbelege** werden **in verschiedenen Formen** gehandhabt:

- **Erweiterter Kurzbeleg**

Der erweiterte Kurzbeleg soll bei größtmöglicher Kürze, Übersichtlichkeit und Lesbarkeit dem Leser/Prüfer ausreichende Informationen über die Quelle liefern, um ihm eine erste Einschätzung der Quelle zu ermöglichen.

Eine solche Einschätzung erfordert mindestens die Nennung von **Autor** (fachliche Qualifikation), **Kurztitel** (sachlicher Kontext) und **Erscheinungsjahr** (Aktualität).

Die genaueren Angaben werden aber dem Literaturverzeichnis überlassen.

⇒ **Wir empfehlen** daher die Form des **Erweiterten Kurzbelegs** für die Quellenangaben!

Erweiterter Kurzbeleg: **Quellenangaben in den Fußnoten**

- **Fußnotentechnik** wie beim Vollbeleg
- **Inhalt der Fußnote**:
  - "*Name*:" [73] des Verfassers (abgekürzter Vorname nur bei Ver-
    "*Name*," (alternativ) wechslungsgefahr erforderlich)
  - "*Kurztitel*," (vom Verfasser festzulegen)
  - "*Erscheinungsjahr*,"
  - "*Seite/n*."
- **Keine Abkürzungen** wie a.a.O., ebd., ders. ![74]

---

[73] Der volle Vorname ist bei Verwechslungsgefahr zwingend erforderlich; auch sonst ist er sinnvoll und erleichtert die Suche der Quelle z.B. in Bibliotheken.

[74] Die Abkürzungsmöglichkeiten des Vollbelegs sind beim erweiterten Kurzbeleg weder erforderlich noch sinnvoll und daher nicht erwünscht bzw. nicht zulässig.

Beispiele und Varianten (auch für Zeichensetzung!):

[3] *Vgl. Tietz: Handel, 1993, S. 12.* oder Vgl. Tietz, Handel, 1993, S. 12.
[3] *Vgl. Tietz, (Handel, 1993), S. 12.* oder *Vgl. Tietz, [Handel, 1993], S. 12.*
[9] *Vgl. Schaffry, (Management, 2000), www.enews24.de.* ⇨ (Lit.-Verz. s. unten)

Erweiterter Kurzbeleg: **Literaturverzeichnis**

Jede **Titelangabe** im Literaturverzeichnis **muss** in der ersten Zeile **ergänzt** werden durch einen vom Verfasser der Arbeit festzulegenden

- Charakteristischen **Kurztitel** der Quelle und
- das **Erscheinungsjahr**

Inhalt jeder Titelangabe: (s. Kap. 6.9, S. 116 ff.)

- "*Name, (abgekürzter) Vorname*" des Verfassers
- "*(Kurztitel, Erscheinungsjahr)*:" oder
  "*[Kurztitel, Erscheinungsjahr]*:"
- "*vollständige bibliographische Angabe mit Jahr.*"

* Beispiel siehe (*) im Kasten unten

Oder

- "*Name, (abgekürzter) Vorname*," des Verfassers
- "*Erscheinungsjahr*:"
- "*vollständige bibliographische Angabe.*"
  mit Hervorhebung des Kurztitels in Klammern, kursiv oder fett

** Beispiel siehe (**) im Kasten unten

Beispiele für Literaturverzeichnis beim erweiterten Kurzbeleg**:**

(*) *Tietz, Bruno* *(Handel, 1993a): oder [Handel, 1993a]:*
Der Handelsbetrieb, 2. Aufl., Vahlen, München 1993. oder

(**)*Tietz, B., 1993a: Der (Handelsbetrieb),* oder *Der [Handelsbetrieb],* oder
Der Handelsbetrieb, oder *Der* ***Handelsbetrieb,***
2. Aufl., Vahlen, München 1993.

Schaffry, A. *(Management, 2000),*
Knowledge Management, 2000, Rev. 2003, www.enews24.de/texte3968.asp, 21. Aug. 2003.

7

💻 Während der Erstellung der Arbeit kann im Literaturverzeichnis als erste oder letzte Zeile jeder Quelle die Quellenangabe zusätzlich in der Form eingetragen werden, in der sie in den Fußnoten benötigt wird.

Die Quellenangabe kann so bei Bedarf bequem in die Fußnote kopiert werden und benötigt nur noch die Seitenangabe als Ergänzung. Bei der Endbearbeitung löschen Sie diese ‘Arbeitszeile’ wieder.

Das **Erscheinungsjahr** erscheint im Literaturverzeichnis zweimal:

1. direkt hinter dem Verfasser (als Teil des Kurzbelegs)
2. am Ende der vollständigen bibliographischen Angabe.

✋ Zur leichteren Korrektur der Arbeit erwarten einige Prüfer bei den Kurzbelegen, dass dem Korrekturexemplar eine **zusätzliche Kopie des Literaturverzeichnisses** lose beigefügt wird (bitte erfragen).

- **Reine Kurzbelege – Grundsätzliches**

In den Fußnoten bzw. im laufenden Text werden mehr oder weniger verkürzte Angaben über die Quelle gemacht. Für die genauen Quellenangaben wird indirekt auf das Literaturverzeichnis verwiesen.

Die nachfolgend beschriebenen 'Reinen Kurzzitierweisen' vermitteln dem Leser aber **zu wenig Informationen**. Durch die fehlenden Titelhinweise ist die Quellenangabe nur sehr begrenzt aussagefähig; es ist auch nicht andeutungsweise ersichtlich, aus welcher Art von Werk das Zitat stammt. Die fehlenden Angaben sind vom Leser umständlich dem Literaturverzeichnis zu entnehmen.

Diese Formen ausgeprägter Bequemlichkeit des Verfassers auf Kosten der Leser sind daher insbesondere in wissenschaftlichen Arbeiten **abzulehnen**.

Die reinen Kurzbelege sind hauptsächlich aus Gründen des kostengünstigeren Satzes von Büchern und Zeitschriften entstanden. Sie haben im Zeitalter des PC und moderner Schreibprogramme keine Berechtigung mehr außerhalb von kurzen Zeitschriftenaufsätzen mit wenigen Quellenangaben.

- **Reiner Kurzbeleg in Fußnoten**

Für die genaue Quellenangabe wird indirekt auf das Literaturverzeichnis verwiesen.

In der Fußnote erfolgt nur die Angabe des Verfassers, Erscheinungsjahres und der Seite (ohne Titelhinweis): *Bsp.: [3] Vgl. Tietz (1987a), S. 12.*

- **Reiner Kurzbeleg im Text**

Dieser Beleg wird in Deutschland auch Harvard-Zitierweise genannt. [75] Außer dem verkürzten und wenig aussagenden Quellenhinweis wird hier zugunsten einer alleinigen (minimalen) Arbeitsersparnis des Verfassers auch noch das Lesen des Textes und das Zuordnen der Quellen unnötig erschwert.

Der Lesefluss wird laufend unterbrochen und massiv gestört durch (Quellen-) Informationen, die weder zum textlichen Inhalt noch zum gedanklichen Verständnis gehören.

Selbst anglo-amerikanische Zitieranleitungen sagen ‚The flow of text should not be interrupted' und verlangen sinnigerweise deshalb z.T. ausdrücklich nur dann eine Seitenangabe, 'wenn nötig' (MLA- und Harvard-Style) oder bei direkten Zitaten (APA Style). MLA verzichtet konsequent sogar noch auf die Jahresangabe.[76] Damit ist die Inhaltsleere eines solchen Quellenverweises im Text wohl nicht mehr zu überbieten.

Oft wird sogar noch das "Vgl." einfach mit eingespart und damit die erforderliche Differenzierung zwischen direktem und indirektem Zitat verwischt.

Diese Zitierweise soll daher – trotz leider zunehmender allgemeiner Verbreitung – erst recht **nicht in wissenschaftlichen Arbeiten gewählt** werden.

Sie können 'Internationalität' und 'Modernität' bestimmt in anderen Bereichen sinnvoller dokumentieren.

7

- Der reine Kurzbeleg im Text (Harvard-Zitierweise) verzichtet ganz auf Fußnoten.
- Die extrem verkürzte Quellenangabe (nur Verfasser, Jahr und Seite) erfolgt in Klammern im laufenden Text an einer 'geeigneten' Stelle.

  Bsp.: ... TextText Zitat (Vgl. Tietz, 1987a, S. 12) TextTextText...

- **Reiner Kurzbeleg in Zeitschriften**

Die folgende Zitierweise hat sich in Zeitschriften und Sammelwerken eingebürgert, obwohl sie bei Verwendung von Textverarbeitungssystemen keinen Sinn ergibt. Sie ist auch nur bei kürzeren Beiträgen mit wenigen Quellenangaben tolerierbar und bei Zeitschriften mit mehrspaltigem Layout.

---

[75] Diese verkürzte Quellenangabe im laufenden Text ist aber nicht zu verwechseln mit den Zitierregeln des Harvard Style in Pkt. 6.9b.

[76] Vgl. Pkt. 6.9b.

Die Quelle wird hier im Text durch fortlaufende Nummern in eckigen Klammern angedeutet. Im Literaturverzeichnis werden die Quellen dann mit diesen Nummern aufgeführt.

Besonders aktive Verfechter der eigenen Bequemlichkeit verzichten sogar noch auf die Mühe, die Seitenangabe mit "S." zu kennzeichnen. So erhalten Sie dann Quellenangaben wie [19, 35] und dürfen als Leser raten, ob die 35 eine Quelle oder eine Seite darstellen soll (siehe auch folgendes Beispiel).

⇒ Versuchen Sie bei den folgenden Beispielen einmal, die Quellen und die genauen Fundstellen nachzuvollziehen!

Bsp. 1: *Text:* "Weitere wichtige Kenngrößen für logistische Systeme sind Kosten, Qualität und Service (Bild A.3.1.) [19, 35].

Literaturverz.: [19] Ihde, Gösta B.: Distributionslogistik, UTB-Taschenbuch, Stuttgart, New York 1978

[35] N.N.: Entsorgungskonzeption mit neuer Logistik, aus: Abfallwirtschaft (1986) Nr.9, Seite(n) 41-42 Erich Schmidt Verlag, Berlin"[77]

Bsp. 2: *Text:* "Solche Lösungsansätze sind [4, 5, 11, 17, 26, 36]." [78]

Literaturverz.: [....] Alle Quellen ohne Seitenangaben

Eine etwas erträglichere Variante gibt wenigstens die Seiten deutlich an: *Bsp.:* [19, 47] [35, 13] oder [19, S. 47]

Alle diese Varianten sind für den Leser völlig nichtssagend, umständlich oder überhaupt nicht nachvollziehbar und ein ‚Zerrbild'[79] wissenschaftlicher Exaktheit und Deutlichkeit.
In wissenschaftlichen Arbeiten ist diese Belegform **völlig inakzeptabel**!

d. Quellen für Darstellungen (Tabellen, Abbildungen, etc.)

Quellenangaben für Darstellungen (Tabellen, Graphiken, Abbildungen) erfolgen **nicht** in einer Fußnote, sondern direkt unter der Darstellung.

z.B.: *Quelle: Tietz, B., Der Handelsbetrieb, München 1985, S. 12.*
Quelle: Eigene Darstellung.
Quelle: Eigene Darst. in Anlehnung an ... oder *... nach Zahlen von ...*

Vgl. hierzu unbedingt 6.6, S. 108 ff., inbes. 6.6c, S. 112.

---

[77] Beispiel entnommen aus Jünemann, Logistik, 1989, S. 76.

[78] Beispiel entnommen aus Jünemann, Logistik, 1989, S. 89.
Ebenso mit gelegentlichen [!] Seitenangaben im Literaturverzeichnis: Krampe/Lucke, Logistik, 1993. Immerhin ein Sammelwerk mit neun Beiträgen und 356 Seiten.

[79] Auch *Theisen,* Arbeiten, 2005, S. 147 spricht hier von einer „Karikatur".

Zuerst verwirren sich die Worte, dann verirren sich die Begriffe, und schließlich verirren sich die Sachen. *(Konfuzius)*

8. Sprachstil und Sprachregeln

8.1 Grundanforderungen an wissenschaftliche Texte

Wissenschaftliche Texte sollen Sachthemen darstellen und kritisch diskutieren. Dazu ist ein Stil mit den nachfolgend umrissenen Merkmalen zu entwickeln.

Um diese Anforderungen zu erfüllen, ist in der Regel ein **intensives Prüfen** der gewählten Formulierungen und ein **mehrfaches Feilen** an Worten, Ausdrücken und Sätzen erforderlich. Dies gilt um so mehr, je kürzer man sich fasst.[80]

a. Generelle Merkmale

- klare Gedanken
- logische, nachvollziehbare Gedankenfolge
- Verständlichkeit
- Attraktivität

Die dazu erforderlichen **Textelemente** wie Worte, Formulierungen, Satzteile, Sätze, Satzfolgen sollen für den Leser

- eindeutig, unmissverständlich,
- treffend, klar, prägnant und anschaulich sein.

---

[80] Zu Sprach- und Stilfragen sei hier auf das klassische Werk von *Reiners*, Ludwig, Stilkunst, 1991 hingewiesen. **Besonders** empfehlen Wir das folgende gut gegliederte, übersichtliche und sogar kurzweilige Werk des Autors, der 1994 den Medienpreis für Sprachkultur erhielt: *Schneider*, Wolf: Deutsch fürs Leben - Was die Schule zu lehren vergaß, Rowohlt Sachbuch 9695, Reinbek, 1995.

b. Rechtschreibung, Zeichensetzung, Grammatik

Die Einhaltung dieser grundsätzlichen Regeln der verwendeten Sprache ist eine Grundanforderung an jeden Text.

Häufigere sprachliche Fehler führen zu einer verminderten Verständlichkeit der Aussagen beim Leser bis hin zu einer ungewollten Entstellung des beabsichtigten Sinngehalts. Solche Verständnisschwierigkeiten und inhaltlichen Mängel müssen dann auch auf die Bewertung durchschlagen.[81]

Diese Fehler sind, da in den Regelwerken der Sprache[82] leicht nachzuschlagen, **nicht tolerierbar**. Sie sind im günstigsten Fall ein Ausdruck der Bequemlichkeit des Verfassers.

Darüber hinaus haben gute Textverarbeitungsprogramme eine Rechtschreibprüfung eingebaut, die zumindest den größten Teil falsch geschriebener Wörter anzeigt. Die von Studierenden häufiger geäußerte Bemerkung „das hat mir zu lange gedauert“ spricht dann für sich.

Häufige Rechtschreibfehler:	☺	☹
	kumuliert	kummuliert
	Paket	Packet
	separat	seperat
	Voraussetzung	Vorraussetzung
	numerisch	nummerisch, aber
	nummerieren	numerieren

c. Rechtschreibreform

Die geänderten Regeln wurden am 1.8.2006 zwingend, aber nur im staatlichen Bereich. Da Sprache aber nicht verordnet werden kann, sondern sich entwickelt und akzeptiert werden muss, heißt das lediglich: die bisherige Rechtschreibung kann jetzt offiziell als falsch sanktioniert werden.

Für die Schreiber wissenschaftlicher Arbeiten geben wir zu bedenken:

- Auch bei Prüfern bestehen noch Widerstände, zumindest gegen die unlogischen und fragwürdigen Teile der neuen Regeln.

- Ihre Prüfer und Leser haben die bisherigen Regeln verinnerlicht und meist seit mehreren Jahrzehnten praktiziert. Es besteht daher die Möglichkeit,

[81] Vgl. auch Theisen, Arbeiten, 2005, S. 137, der dazu ein VGH-Urteil wiedergibt.

[82] Zur Grundausstattung beim schriftlichen Arbeiten gehören:
DUDEN Rechtschreibung oder Wahrig Rechtschreibung, jeweils letzte Auflage und DUDEN Grammatik, letzte Auflage.

dass ungewohnte und fragwürdige neue Schreibweisen zumindest störend und im Unterbewusstsein als falsch aus dem Rahmen fallen.

- Allerdings wird der Leser im Zeitablauf die aus seiner Sicht sinnvollen Teile der neuen Regeln sicher schneller akzeptieren als andere.

Klären Sie deshalb sicherheitshalber, welcher 'Fan-Gemeinde' sich Ihre Prüfer und Prüferinnen zurechnen.

8.2 Vier Schritte zur treffenden Formulierung

Wie setze ich meine Gedanken in Worte und Sätze um?

① Machen Sie sich klar, was Sie dem Leser sagen wollen! Am besten durch eine präzise Beantwortung der Frage: Was will ich jetzt aussagen?.

② Formulieren Sie Ihre Gedanken so exakt und treffend wie möglich.

③ Prüfen Sie 'rückwärts' aus Ihren Formulierungen heraus, ob sich Ihr schriftliches Ergebnis mit Ihrer ursprünglichen gedanklichen Vorstellung deckt. Bei (auch nur geringen) Zweifeln suchen Sie nach treffenderen Worten und Formulierungen, bis Sie rückwärts denkend aus Ihren Formulierungen ohne weiteres Nachdenken und Interpretieren exakt Ihre ursprünglichen Gedanken herauslesen.

④ Überprüfen Sie, ob Leser und Gutachter den letzten Schritt ebenso wie Sie vollziehen können. Bei Zweifeln ist die Formulierung nochmals an das vermutete Leserverhalten und -verständnis anzupassen.

Versuchen Sie keinesfalls, Ihre Formulierungen verbal erklären zu wollen: Sie sind schließlich auch nicht dabei, wenn Ihre Leser (Prüfer) die Arbeit lesen!

8.3 Logik der Aussagen

Welche Ansprüche werden an meine Aussagen gestellt?

Alle Aussagen innerhalb von Sätzen, von Absätzen und darüber hinaus müssen logisch richtig und nachvollziehbar sein. Dabei ist insbesondere auf folgende Aspekte zu achten:

- kriterienreine Aufzählungen
- keine Widersprüche
- keine Scheinkausalitäten

8.4 Ausdrucksweise

Wie sage ich es meinem Leser?

a. Formulierung und Wortwahl

Welche Ansprüche werden an den Text gestellt?

- Wissenschaftliche Texte sollen bezüglich der Formulierung und der Wortwahl folgenden **Ansprüchen** genügen und bestimmte Ausdrucksweisen vermeiden:

☺	☹
richtig, sachlich, aussagefähig	journalistisch, salopp
Klar	unklar, unscharf, ungenau
eindeutig, unmissverständlich	mehrdeutig
treffend, prägnant	nichtssagende, platte, übertreibende überflüssige, falsche Formen der Umgangssprache
direkt, kurz	poetisch, weitschweifig, schwülstig
anschaulich	nur abstrakt

„Wer's nicht einfach und klar sagen kann, der soll schweigen und weiterarbeiten, bis er's klar sagen kann." *(Karl Popper)*[83]

⇒ **Der Schreiber muss sich plagen, nicht der Leser!**

- **In der Kürze liegt die Würze**

  „Kraftvolle Sprache ist kurz und bündig. Ein Satz darf kein unnötiges Wort enthalten, ein Absatz keinen unnötigen Satz – aus demselben Grund, aus dem eine Zeichnung keine unnötigen Linien und eine Maschine keine unnötigen Teile enthält. Das bedeutet nicht, dass der Schreiber nur kurze Sätze bildet oder Einzelheiten wegläßt oder seinen Gegenstand nur in Umrissen darstellt – sondern dass jedes Wort etwas zu sagen hat (that every word tell)."
  (William Strunk, «The Elements of Style»)

  „Wenn es möglich ist, ein Wort zu streichen – streiche es"
  (George Orwell)

  „Ich bemühe mich konsequent, aus hundert Zeilen zehn zu machen"
  (A. Polgar)[84]

- Keine **übertriebene Genauigkeit**

  Übertriebene Genauigkeit in der Formulierung wirkt auf das Verstehen des Textes mehr behindernd als helfend.

  Bsp.: „Direkte Zitate im indirekten Zitat sind ungeachtet eines entsprechend einleitenden Hinweises auf die sinngemäße Übernahme der folgenden Passage zusätzlich als wörtliche Zitate zu kennzeichnen und mit einer eigenen Fußnote am Ende des wörtlichen Zitates – also meist vor dem Fußnotenhinweis für die indirekte Übernahme – zu versehen."[85]

8

[83] Zitiert bei Schneider, Deutsch, 1995, S. 19, dort ohne weitere Quellenangabe.

[84] Die drei Zitate dieses Abschnitts entstammen Schneider, Deutsch, 1995, S. 29f, dort ohne weitere Quellenangaben.

[85] Wörtlich aus einer Anleitung für wissenschaftliches Arbeiten (bewußt ohne Nennung des Autors).

b. Zu vermeidende Ausdrucksweisen

Welche Ausdrücke sollten für mich tabu sein?

- **Füllwörter**

  nun (*Bsp.: „Nach diesem Punkt wird nun/jetzt*
  jetzt *noch ... dargestellt.“*)

  Streichen Sie diese Wörter aus Ihrem schriftlichen Wortschatz. Sie stellen – bis auf Ausnahmen – einen Gipfel sprachlicher Unbeholfenheit dar.

- Aufgeblähte und nichtssagende **Floskeln und Füllwörter**

☺	☹
später	zu einem späteren Zeitpunkt
unmöglich	ein Ding der Unmöglichkeit
in der Wirtschaft	im Bereich der Wirtschaft
Folgerung	Schlussfolgerung
beweisen	unter Beweis stellen
anwenden	zur Anwendung bringen
ansehen, besichtigen	in Augenschein nehmen

- **Pseudo-Argumente**

  natürlich
  selbstverständlich (*Bsp.: „Daraus folgt selbstverständlich ....“)*
  leicht ersichtlich

  In einer wissenschaftlichen Arbeit ist nichts selbstverständlich. Wenn doch, sollte es nicht geschrieben werden.

- **Übertreibungen, Verallgemeinerungen**

  immens (*Bsp.: „Daraus entstehen immense Schäden.“)*
  enorm Was ist immens? Was ist enorm?
  erheblich (*Bsp.: „...erhebliche Zuwächse...“)*

  Vorsicht auch bei verallgemeinernden Ausdrücken:

  einzig Wirklich nur ein einziges mal?
  alle Ist diese Aussage ohne Ausnahme wirklich
  immer richtig?

- **Diffuse qualitative Aussagen und Bewertungen**

  Werden Aussagen oder Bewertungen wie

  vernünftig, geschickt, ökologisch, ethisch, moralisch, sozial etc.

  getroffen, müssen die zugehörigen Bewertungsmaßstäbe dargelegt werden. Z.B.: *unter sozial soll hier verstanden werden, dass ....*

- **Unscharfe Mengenangaben**

hoch	niedrig	(*Bsp.: Daraus entstanden hohe Zusatzeinkommen.)*
groß	klein	Was ist hoch, groß, klein?
viel	wenig	Diese Mengenangaben sind zu unscharf, da die Bewertungen beispielsweise für einen Großverdiener und einen Geringverdiener weit auseinander liegen.
fast	kaum	

  Solche bewertenden Mengenangaben sind allenfalls zulässig mit der Angabe eines Maßstabes und/oder einer Tendenzangabe. (*Bsp.: „Daraus entstanden für einen Geringverdiener relativ/tendenziell hohe Zusatzeinkommen.“*). Besser sind hier schärfere Angaben wie: ca. x % von y.

- **Einschränkende Mengenangaben**

  Bei einschränkenden Mengenangaben wie

  zum Teil, Haupteinfluss, Haupthindernis, ...

  stellt sich der Leser die Frage, wie es sich mit dem oder den anderen Teilen, Einflüssen usw. verhält.

  Sie sollten solche Einschränkungen nur mit Ergänzungen verwenden wie

  Neben ... und ... wirkt als Haupteinfluss ... .

8

- **Falsche Deklination**

  ☺ **Gemäß dem** von Ihnen gewählten **Tarif**

  ☹ Gemäß des von Ihnen gewählten Tarifs

  ☺ **Entsprechend dem** von Ihnen gewählten **Tarif**

  ☹ Entsprechend des von Ihnen gewählten Tarifs

  Zum Prüfen hilft hier eine richtige Satzstellung mit nachgestelltem „gemäß“ bzw. „entsprechend“ am besten weiter: *„Dem Tarif entsprechend“*.

- **Falsche Steigerungsformen**

☺	☹
Der einzige Fall	Der einzigste Fall
Die optimale Lösung	Die optimalere/optimalste Lösung
Die maximale Lösung	Die maximalere/maximalste Lösung

- **Falsche Vorsilben**

☺	☹	Die Vorsilbe .. steht i.d.R. für:		
Kosten buchen programmiert	Unkosten verbuchen vorprogrammiert	un... ver.. pro..	steht für steht für steht für	nicht falsch vor
ähnlich: pro hundert	per hundert	per pro	steht für steht für	durch für

- **Überflüssige Vorsilben**

  Die folgenden Vorsilben (ab-, an-, auf-, be-, ver-) sollten Sie möglichst vermeiden oder nur sparsam zur Verstärkung einsetzen.

☺	☹
ändern, klären	abändern, abklären
wachsen, mieten	anwachsen, anmieten
zeigen	aufzeigen
lassen	belassen
bleiben	verbleiben

- **Angstwörter**

irgendwie	Diese Wörter drücken recht deutlich aus,
wohl	dass der Verfasser Angst vor einer konkreten
gewissermaßen	Aussage hat oder zu bequem dazu ist.

c. Fachausdrücke und Fremdwörter

Wie setze ich Fachausdrücke und Fremdwörter ein?

- Berufe und Wissenschaftsdisziplinen haben eine Vielzahl von Fachausdrücken entwickelt, die spezielle Tatbestände des jeweiligen Fachs
    - kurz,
    - eindeutig und
    - im Fachgebiet allgemein anerkannt und verwendet

  bezeichnen sollen.

  Soweit Fachausdrücke diesen Kriterien entsprechen, ist ihre Verwendung in wissenschaftlichen Texten sinnvoll.

- Wenn es sich bei den Fachausdrücken um Fremdwörter handelt, ist allerdings Vorsicht anzuraten, dies um so mehr, je gehäufter sie auftreten.

  Als **Prüfregel** kann hier nur gelten:

  >> **So wenig wie möglich – so viel wie nötig** <<.

  Vorrang hat ein allgemein (im Fachgebiet) verständlicher Ausdruck der verwendeten Sprache. Nur wenn ein solcher zu ungenau oder unscharf ist oder nur umständlich beschrieben werden kann, sind fremdsprachliche Ausdrücke sinnvoll.

  Dabei ist auch zu bedenken, dass jeder unübliche Ausdruck den Lesefluss und das Verständnis des Textes behindert und tendenziell die Bewertung verschlechtert.

  Deutschsprachigen wissenschaftlichen Texten wird (leider) oft nachgesagt, dass sie bis hin zur (fast) Unverständlichkeit mit Fremdwörtern durchsetzt sind – im Gegensatz zu amerikanischen Texten.

  Erkunden Sie daher anhand von Texten Ihres Prüfers, ob dieser ein **Anhänger** umfangreicher Verwendung **von Fremdwörtern** zum Ausdruck der Wissenschaftlichkeit ist. Auch hier gilt die Orientierung am Kunden/Leser/Prüfer.

- Insbesondere Fachausdrücke und Fremdwörter müssen mit dem **richtigen Bedeutungsgehalt** und in **richtiger Schreibweise** verwendet werden, wenn sich der Verfasser nicht unfreiwillig zum 'Komiker' machen will.

  TIPP: Haben Sie gerade kein Fremdwörterlexikon zur Hand, hilft Ihnen ggf. http://de.wikipedia.org weiter.

Ein besonders eindrucksvolles Beispiel aus einem Interview von Jil Sander: *„Mein Leben ist eine giving-story. Wer Ladysches will, searcht nicht bei Jil Sander. Man muss Sinn haben für effortless, das magic meines Stils."*

d. Ich-/Wir-/Man-Form

Soll ich in der Ich-, Wir- oder Man-Form schreiben?

Eine wissenschaftliche Arbeit soll fremde Gedanken über Zitate kenntlich machen und ansonsten eine Eigenleistung des Verfassers darstellen. Daraus folgt, dass die eigenen Gedanken nicht durch die Ich-Form („*ich denke* ...", „*meines Erachtens* ...") ausgedrückt werden müssen und sollen. Solche Formulierungen wirken leicht peinlich, gehäuft sogar aufdringlich und bei Schlußfolgerungen ausgesprochen unsicher.

Bsp.: Die Formulierung *Nach Meinung des Verfassers ergibt sich daraus* ... signalisiert beispielsweise Unsicherheit und Zweifel an der Gültigkeit der Aussage. Eine klar abgeleitete und im Zusammenhang des Textes gültige und unaufdringliche Aussage wäre: *Daraus läßt sich ... ableiten ...*

- **Formulierungsvorschläge**:

  ... daraus ergibt sich ...
  ... hierzu ist festzuhalten ...
  ... dem ist hinzuzufügen/zu widersprechen ...
  ... das ist in Frage zu stellen ...

- **Ausnahmen** sollten Fälle bleiben, in denen die eigene Meinung besonders betont werden soll.

  Es gibt allerdings auch Autoren und Prüfer, die die Ich-/Wir-Form empfehlen bzw. wünschen. Auch hier empfiehlt sich daher eine rechtzeitige Klärung Ihres Einzelfalls.

- **Keinesfalls akzeptabel:** das anonyme „***man*** (darf annehmen ...)" und
  das gönnerhafte „***wir*** (kommen zu dem Schluss)".

e. Weibliche und männliche Ausdrucksformen

Wie setze ich 'geschlechtsneutrale' Formulierungen ein?

Die deutsche Sprache enthält historisch gewachsen einen relativ hohen Anteil von Begriffen und Wörtern, die als Sammelbegriff in einer ‚männlichen' Ausdrucksform (Genus) verwendet werden wie z.B. Studenten, Bürger etc. Diese sprachliche Ausdrucksform ist der ‚Fall', d.h. der Genus des Wortes und nicht zu verwechseln mit dem Geschlecht (Sexus) der bezeichneten Personen.

Wenn Sie eine Tendenz zur ‚Entmännlichung' des Genus der deutschen Sprache unterstützen wollen, empfiehlt es sich, neutrale Formen wie „*Studierende*" zu verwenden oder selektiv beide Fälle einzusetzen wie „*Studenten und Studentinnen*", „*Damen und Herren ...*".

Die Variante der Doppelbezeichnung sollte aber nur so weit verwendet werden, wie sie stilistisch und lesetechnisch verträglich ist. Perfektionistische Übertreibungen führen leicht zu Sprach- und Verständnis-Leckerbissen wie folgender Auszug aus einer mit hohem Zeitaufwand ‚neutralisierten' Prüfungsordnung.

> *„Ein Kandidat oder eine Kandidatin, der oder die während einer Prüfungsleistung schuldhaft einen Ordnungsverstoß begeht, durch den andere Kandidaten oder Kandidatinnen oder Prüfer oder Prüferinnen gestört werden, kann von den anwesenden Prüfern oder Prüferinnen bzw. Beisitzern [sic!] mit Stimmenmehrheit ... ausgeschlossen werden, wenn er oder sie sein bzw. ihr störendes Verhalten trotz Ermahnung fortsetzt."*

Kunstkonstruktionen mit dem großen „I" in der Mitte wie ManagerInnen sollten Sie aus sprachlichen, ästhetischen, lese- und aussprachetechnischen Gründen vermeiden.

f. Formeln, Symbole und Zahlen im Text

- **Mathematische Formeln im Text**
  - Stellen Sie einfachere mathematische Zusammenhänge zunächst als Text dar und benutzen Sie eine Formel nur bei Bedarf ergänzend. Formeln müssen vom Leser (aufwendiger) entschlüsselt werden und sollten den Lesefluss möglichst wenig stören. Ein einfacher Satz wie „Die Funktion f ist im Intervall zwischen a und b monoton steigend“[86] ist der komplizierten Formel immer vorzuziehen.

$$x \leq y \Rightarrow f(x) \leq f(y) \ \forall \ x,y \in [a,b]$$

  - Formeln und Gleichungen gehören in eine **eigene Zeile**. Sie sollen **zentriert** geschrieben werden.

    Ausnahme: Bei aufeinander folgenden zusammengehörigen Gleichungen müssen die Gleichheitszeichen untereinander stehen.

  - **Bruchstriche** müssen in einer Zeile auf **gleicher Höhe** stehen.

- **Symbole**
  - Verwenden Sie die mathematischen Standard-Symbole lt. DIN 1302, Formelzeichen lt. DIN 1304 und erfinden Sie keine neuen Varianten.
  - Verwenden Sie die Symbole durchgängig gleich, zu jedem Symbol genau ein Begriff und umgekehrt.
  - Jedes in dem Fachgebiet nicht verbreitete Symbol muss beim ersten Auftreten erklärt werden. Besser ist es aber, darauf zu verzichten.
  - Nicht allgemein verbreitete Symbole (außer $<$, $>$, $=$, Σ) erfordern ein eigenes **Symbolverzeichnis**.
  - Verwenden Sie Symbole nur, wenn sie mehr als einmal vorkommen. Ansonsten ist ihr Sinn, Arbeit zu sparen, nicht gegeben.

- **Zahlen**
  - **Kleine Zahlen** von null bis zwölf werden im Text ausgeschrieben

    *Bsp.: Die Gruppe A bestand aus **zwölf** Mitarbeitern.*

    Aber: Die Gruppe B bestand aus 13 Mitarbeitern

---

[86] Krämer, Arbeiten, 1999, S. 162.

Ausnahmen:
- Zusammen mit dem Wort 'Zahl'. *Bsp.: "die Zahl 3"..*
- kleine Zahlen im Zusammenhang mit großen
  Bsp.: Die Gruppengröße liegt zwischen 8 und 25.
  Das Schild ist 3 cm hoch und 120 cm breit.

◦ **Genauigkeit**: Geben Sie Zahlen nur so genau an, wie es für den Zusammenhang in Ihrem Text zweckmäßig ist und wie es der inhaltlichen Genauigkeit der Zahlenermittlung entspricht. Das heißt, vermeiden Sie **Scheingenauigkeit**.
- Beispielsweise sind Länderkennzahlen wie Bevölkerung und Fläche inhaltlich nie bis auf die letzten Stellen genau und werden daher besser gerundet.
- Umfrageergebnisse sind inhaltlich aus ihrer Natur heraus nie bis auf mehrere Kommastellen genau und sollten daher besser auch gerundet werden.
- In der Mathematik, der Medizin und den Natur- und Ingenieurwissenschaften können aber selbst mehrere Nachkommastellen entscheidend sein!

- **Zahlwörter und Einheiten**

◦ **Zahlwörter** (wie Tausend) und **Einheiten** (wie physikalische Einheiten, z.B. Kilowatt) werden im Text ausgeschrieben, außer sie stehen hinter einer Zahlenangabe.

Tausend	*Million*	*Milliarde*	*Gramm*	*Quadratmeter*
527 Tsd.	*6 Mio.*	*3 Mrd.*	*20 g*	*30 m²*

Zahl und Zahlwort bzw. Einheit werden durch eine Leerstelle getrennt.

8

◦ **Abgekürzte Einheiten** werden ohne Punkt geschrieben:
kg – km – min – h – s – m – kWh – Hz – bar – mol

◦ **Abgekürzte Zahlwörter** schließen dagegen mit einem Punkt:
wie *Mio.* und *Mrd.*.

◦ **Zwei** verschiedene **Zahlen** dürfen **nie** unmittelbar **hintereinander** stehen.

☹ *Die Preissteigerung betrug 1998 2%.*
☺ *1998 betrug die Preissteigerung 2%.*
Notbehelf: *Die Preissteigerung betrug 1998**:** 2%..*

g. Weitere Empfehlungen zur Wortwahl

- **Adjektive äußerst sparsam verwenden**

  „Bevor Sie ein Adjektiv hinschreiben, kommen Sie zu mir in den dritten Stock und fragen, ob es nötig ist."
  (Clemenceau, französischer Zeitungsverleger und Ministerpräsident) [87]

  „Adjektive sind die am meisten überschätzte Wortgattung: oft falsch, oft häßlich, ... und wenn all dies nicht, dann immer noch Weichmacher, eine Bedrohung für Klarheit und Kraft. ... und schon seit dem römischen Rhetor Quintilian für die meisten Stillehrer ein rotes Tuch." [88]

- **Falsche Adjektive (Tautologien)**

weißer Schimmel	schwache Brise
dunkle Ahnung	feste Überzeugung
gezielte Maßnahme	schwere Verwüstung
jeweilige Relationen	ungedeckte Lücke[89]

- **Häßliche Adjektive** - Beispiele

  subjektive Informationsnachfrage
  interpersonale Kommunikation
  relevantes interdependentes Interesse
  epistemische, heuristische und reputationale Kompetenz
  transparenter Vergleich

- **'Vernebelnde' Adjektive**

  Adjektive sind oft ‚Weichmacher', die den Textinhalt und die Ausdruckskraft ‚vernebeln'.
  Als Beispiel für diese negative Wirkung führt Schneider einen durch Adjektive ergänzten berühmten Liedertext an:

  > *„Am ausgetretenen Brunnen vor dem weinlaubumrankten, halbverfallenen Tore steht ein knorriger Lindenbaum."* [90]

- **Worte mit wenigen Silben verwenden**

  Eine Grunderkenntnis der Verständlichkeitsforschung lautet:

  Ein Wort ist um so verständlicher und anschaulicher, je weniger Silben es hat.[91]

---

[87] Zitiert bei Schneider, Deutsch, 1995, S. 32, dort ohne weitere Quellenangabe.

[88] Schneider, Deutsch, 1995, S. 31.

[89] Zu einer Sammlung beliebter Sprachfehler in ökonomischen Arbeiten vgl. Dichtl, Deutsch, 1995.

[90] Schneider, Deutsch, 1995, S. 32.

Vermeiden Sie daher schlecht verständliche Wortschöpfungen wie die folgenden:

☺		☹	
sonst	(1 Silbe)	ansonsten	(3 Silben)
Risiko	(3)	Gefährdungspotential	(7)
Wissenslücken	(4)	Informationsdefizite	(9)
Ampel	(2)	Lichtzeichenanlage	(6)
Spanien und Portugal	(3+1+3)	Pyrenäenhalbinsel	(7)

Besonders unangenehm für den Leser sind zu lange Wörter, die zusätzlich auch noch Tautologien darstellen:

☺	☹
Antwort	Rückantwort
Initiative	Eigeninitiative
Prognose	Zukunftsprognose

- **Konkrete und schlichte Worte verwenden**

  Schreiben Sie Wichtiges und Interessantes, aber mit den in Ihrem Fachgebiet üblichen und konkreten Wörtern.

- **Verbindende Textelemente**

  Textteile, die Sätze und Absätze miteinander verbinden, sollen den Lesefluss und das Verstehen der Gedankenfolge erleichtern.

  Sie müssen aber auch **richtig** sein. Das gilt insbesondere für qualifizierende Formulierungen und Überleitungen wie die folgenden:

  Verbindend: ähnlich, auch ..., ebenso, vergleichbar

  Beweisend: daraus folgt, deshalb, weil,
  wie ... belegt, ... beweist, ... ergibt, ... hervorgeht, ... zeigt

  Gegensätzlich: aber, anders, dagegen, demgegenüber, dennoch, entgegen, gegensätzlich, jedoch, obwohl, trotz, während

[91] Vgl. hierzu und zu den folgenden Beispielen: Schneider, Deutsch, 1995, S. 40.

8.5 Satzbildung und Satzfolge (roter Faden)

- **Satzinhalt**

  Jeder Satz muss eine
  - inhaltlich richtige Aussage
  - im Textzusammenhang treffen.

  Lassen Sie kompromisslos **alle Sätze ohne wesentlichen Inhalt** bzw. ohne wesentliche Funktion innerhalb des Textes **weg!!**

  Wichtiges gehört in **Hauptsätze**.
  In **Nebensätze** gehören detailliertere Beschreibungen und Erläuterungen sowie verknüpfende Aussagen.

- **Kurze, verständliche Sätze und Satzteile**

  Formulieren Sie kurze und verständliche Sätze. Lange Sätze behindern die Geschwindigkeit des Lesens und Begreifens und damit das Verständnis und beeinflussen Ihre Note meist negativ.

☺	☹
eher kurze Sätze	eher lange Sätze
wenig Nebensätze	verschachtelte Nebensätze
bei einmaligem Lesen verständlich	erst bei mehrmaligem Lesen verständlich

Das **Kurzzeitgedächtnis** des Lesers beträgt ca. **3 Sekunden**. Das ist die Zeitspanne, die beim Lesen als Einheit erfasst und überbrückt werden kann. Im Text bedeutet das überschlägig ca. **6 Worte** oder **12 Silben**.[92]

Für den Satzbau bedeutet diese Tatsache als grobe Faustregel, dass **alle Satzteile, die** logisch, psychologisch und lesetechnisch **zusammengehören, nicht weiter als 6 Worte** bzw. **12 Silben auseinanderstehen** sollen.[93]

[92] Vgl. Schneider, Deutsch, 1995, S. 70f. Als Beleg wird von Schneider ohne nähere Quellenangabe Ernst Pöppel: Grenzen des Bewußtseins angeführt, "das die einschlägigen Studien resümiert".

[93] Vgl. zu diesem und dem folgenden Absatz: Schneider, Deutsch, 1995, S. 71.

Das sind insbesondere:
- der Hauptsatz
- Subjekt und Prädikat
- Artikel und Substantiv
- die Teile des Verbs.

TIPP: **Bilden Sie kurze Sätze, nicht länger als drei Zeilen!**

- **Mit Hauptsätzen beginnen**

  Am verständlichsten sind Sätze, die mit einem Hauptsatz beginnen. Allerdings wirkt diese Konstruktion auf Dauer ermüdend.

  Abhilfe:
  Gelegentliche Sätze mit vorangestelltem Nebensatz, der aber auf den Hauptsatz hinleiten muss.

- **Bezüge in Sätzen**

  Bezüge wie "diese", "deren", "die" müssen sich eindeutig auf ein voranstehendes Hauptwort beziehen.

  Bsp.: Die Produktionsfaktoren haben viele Autoren beschäftigt, die heute leicht unterschieden werden können.

  Wer kann hier unterschieden werden: die Produktionsfaktoren oder die Autoren?

- **Satzfolge entsprechend der Gedankenfolge**

  Die Sätze müssen den Gedanken- und Argumentationsgang für den Leser verständlich aufeinander aufbauend wiedergeben!

8

Eine gute Rede hat einen guten Anfang und ein gutes Ende – und beide sollten möglichst dicht beieinander liegen.
(Mark Twain)

9. Referate / Präsentationen

Präsentationen und Referate sind Reden, die im Beruf oder in der Ausbildung gehalten werden – also eine gewisse Vorbildung der Zuhörer voraussetzen können – und heute meistens mit visuellen Hilfsmitteln unterstützt werden.

Es ist – auch für die spätere Praxis – sehr empfehlenswert, ergänzende Literatur zu den Grundlagen der **Rhetorik** zu studieren und möglichst einen Rhetorikkurs zu absolvieren. Dabei geht es um das Erlernen der insbesondere für die Praxis wichtigen Fähigkeiten der Wortwahl, Ausdrucksweise, Sprechtechnik und Körperhaltung.[94]

9.1 Regeln

Für Referate/Präsentationen gelten zusätzliche Regeln:

- Sie werden in einer Lehrveranstaltung/Seminar/Übung **vorgetragen**.
- Die Zeitdauer beträgt meist **20** bis **30 Minuten**,
  die vorgegebene *Zeit* ist *unbedingt einzuhalten*.

> *Man kann über alles reden, nur nicht über eine halbe Stunde.*
> *(Management-Regel)*
>
> *Was den Rednern an Tiefe mangelt, ersetzen sie durch Länge.*
> *(Montesquieu)*
>
> *Eine gute Rede soll das Thema erschöpfen, nicht die Zuhörer.*
> *(Winston Churchill)*
>
> *Für eine Zwei-Stunden-Rede bereite ich mich zwei Minuten vor,*
> *für eine Zwei-Minuten-Rede aber zwei Stunden.* *(Winston Churchill)*

Auch zu einem Referat soll meist eine schriftliche **Unterlage** wie bei der Hausarbeit abgegeben werden, bei der jedoch der Textteil durch die Kopien der Präsentation und Begleittexte (oder Ähnliches) ersetzt wird.

Die in dieser Anleitung festgehaltenen allgemeinen Anforderungen gelten ohne Einschränkung auch für Referate und Präsentationen!

---

[94] Literatur zum Selbststudium u.a.: Feuerbacher, Vortragstechnik, 1990, S. 108 ff.; Thiele, Präsentation, 2000, S 9 ff.; Thiele, Technik, 1994, S. 82 ff.; Friedrich, Kunst, 2003, S. 1 ff.

9.2 Präsentationsplanung und -durchführung

- Bei der **Planung** einer Präsentation sind folgende Punkte zu beachten:
  - **Zielformulierung** unter Berücksichtigung des Zuhörerkreises. Meist geht es darum, andere von eigenen Ideen zu überzeugen mit einer gekonnten Darstellung der eigenen fachlichen Kompetenz und einer wirkungsvollen Selbstpräsentation.
  - Festlegen der **Primär**- und **Sekundärpunkte** des Vortrags.
  - **Zusammenfassung** wesentlicher Aussagen zu Beginn und am Ende der Präsentation, denn Einleitung und Schlussteil machen aus dem Hauptteil erst eine 'richtige' Rede (A-I-D aus der AIDA-Formel der Werbung: Attention – Interest – Desire – Action).
  - Sorgfältige **inhaltliche Gestaltung** (s. Pkt. 9.3, S. 180).
  - Auswahl und Erstellung **visueller Hilfsmittel** (s. auch Pkte.9.4, S. 182; 9.5, S. 184 und 10.2b, S. 190).
  - Gezielter **Einsatz der Medien** (Beamer, Overhead, Flip-Chart, Tafel).

- **Vergleich** verschiedener **Medien**

  Die folgenden Hinweise sollten bei jeder Nutzung der Präsentationsmedien beachtet werden, auch wenn die Medien Flip-Chart und Tafel meist nur ergänzend zum Einsatz gelangen.

Darst. 43: Vor- und Nachteile von Präsentationsmedien

Vor- und Nachteile verschiedener Medien für eine Präsentation				
Kriterien	**Overhead**	**Beamer**	**Flip-Chart**	**Tafel**
Schnelle Vorbereitung	-	-	o	+
Blickkontakt zu den Teilnehmern	+	+	o	-
Einbeziehung der Teilnehmer	+	+	+	+
Für größeren Teilnehmerkreis	+	+	-	-
Spontanes Arbeiten	+	-	+	+
Farbgestaltung	+	+	o	-
Dokumentation der Ergebnisse	+	+	o	-
Transportabel	+	o	o	-
+ geeignet	o eingeschränkt geeignet	- schlecht geeignet		

- Hinweise zum Arbeiten mit **Beamer** und **Overhead-Projektor** (OHP)
  - **Vor der Präsentation:**
    - Kundigmachen über die **Funktionsweise** des Gerätes.
    - Einstellen von PC und Beamer sowie **Projektion** und **Raumbeleuchtung** (scharfes Bild in voller Leinwandgröße, kein 'Fremdlicht' auf die Leinwand).
    - Geeignete **Leinwand** verwenden (Größe, Reflexionswinkel).
    - Ggf. **Mikrofon** verwenden (ab ca. 50 Zuhörern), vorher testen!!, einstellen und bereithalten.
    - **Ersatzlampe / Zeigestift / Zeigestab / Laser-Pointer** und **Schreibstifte** (OHP) bereithalten.
    - **Uhr** sichtbar bereit legen – zur Zeitkontrolle.
    - **Folien** in der Reihenfolge des Auflegens geordnet **griffbereit** halten (und auch die geordnete Ablage der behandelten Folien vorbereiten).
    - Ergänzende **Notizen** zu den Charts/Folien in deren Reihenfolge geordnet **bereithalten**, am besten auf einer Kopie der Charts bzw. Folien.

Unter Folien werden sowohl OHP-Folien als auch die einzelnen Seiten einer PC-Präsentation verstanden.

  - **Während der Präsentation:**
    - **Seitlich stehen** (möglichst **nicht** sitzen), die Projektion nicht verdecken.
    - Immer **zu den Zuhörern sprechen**, nie zur Leinwand !!! (Tipp: mit einem Stift/Stab **auf der OHP-Folie** zeigen statt auf der Leinwand; oder seitliches Zeigen auf der Leinwand mit frontaler Hinwendung des Körpers (Schuhspitzen) zu den Zuhörern; üben!).
    - Bewegung und angemessene Gestik sind notwendig, aber aufgeregtes Hin- und Herlaufen und andere hektische und fahrige Bewegungen sollten Sie vermeiden; es lenkt die Zuhörer ab.
    - **Zeigestift / Zeigestab / Laser-Pointer** verwenden, um damit einen schnellen visuellen Bezug auf die Präsentation herzustellen.
    - **Chart-/ Folienwechsel**: Eine Folie nur so lange stehen lassen wie sie auch behandelt wird, da sonst die Zuhörer abgelenkt werden.

- **Abdeck- bzw. Überlegtechnik** zur Erhöhung der Aufmerksamkeit anwenden (schrittweises aufblenden der Folie im Zuge ihrer Behandlung durch den Vortragenden). Bei Beamern: schrittweises Einblenden.

- **Overlay-Folien** ggf. bei komplexen Inhalten verwenden (Folien schrittweise übereinander legen).

- Manuelles **Markieren** (farbig) auf der OHP-Folie während der Präsentation erhöht die Lebendigkeit (wasserlösliche Stifte, Dauerbeschriftungen mit wasserfesten Stiften).

Bitte beachten Sie bei Ihrer Vorbereitung eines Beamer-Einsatzes[95], dass es sich um eine eher komplexe Technik handelt, die störungsanfällig ist. Halten Sie daher unbedingt einen Satz Reservefolien und einen funktionierenden OHP für den 'technischen GAU' bereit.

9.3 Inhalt

- Wesentlich für die Beurteilung einer Präsentation ist die **Gestaltung des Inhalts**. (Vgl. hierzu Pkt. 10, S. 185 Qualitätssicherung ...).

  Der Inhalt der Präsentation sollte folgenden Anforderungen entsprechen:
  - gut strukturiert
  - ausgewogen proportioniert
  - sachlich richtig und eindeutig
  - verständlich
  - interessant

  Auch für diese Anforderungen an eine Präsentation gelten die Anleitungen und Hinweise des vorliegenden Leitfadens.

- Das zweite wichtige Beurteilungskriterium ist die **Präsentation des Inhalts** vor der Gruppe der Zuhörer. Dies stellt auch eine wichtige Übung für zukünftige Vorträge in der beruflichen Praxis dar.

- **Textverkürzung** und **übersichtliche Darstellung**
  Grundsätzlich sollten alle Aussagen, die ohne Verlust wesentlicher Inhalte verkürzt und übersichtlich dargestellt werden können, auch in tabellarischer bzw. graphischer Form ausgearbeitet werden:
  - tabellarisch und/oder
  - graphisch (Diagramme, Schaubilder etc.)

  (Vgl. als Muster auch diesen Leitfaden.)

[95] Vgl. zu diesen Präsentationsformen auch Kürsteiner, Notebook- und Beamer-Präsentationen, 2002 und Donnert/Kunkel, Präsentieren, 2002.

Das gilt insbesondere für folgende Teile einer Arbeit:

Strukturierungen und Elemente von:	Bewertungen wie:
- Begriffen	- Vorteile
- Problemen	- Nachteile
- Zusammenhängen	

Die Übersichtsformen bieten hinsichtlich der Verständlichkeit für den Leser erhebliche Vorteile gegenüber der reinen Text-Darstellung:

Vorteile:	Nachteil:
- klar, übersichtlich	- Übersichten und Grafiken erfordern zum Verständnis oft den Vortrag
- erzwingen größere Genauigkeit	
- übliche Form in der Praxis	
- präsentationsfähig	

- Zusätzlich erforderliche Textausführungen können
  - in diese Darstellungen integriert oder
  - in Fußnoten ausgeführt werden.

  ⇨ **So viel ausformulierter Text wie nötig, aber so wenig wie möglich**.

- Bei aller Bedeutung auch der optischen Form kommt es im wesentlichen an auf
  - Inhalt (s.o.) und
  - Übersichtlichkeit,

  nicht auf überflüssige graphische Spielerei, zu der ein PC heute leicht verleitet (für firmeninterne Unterlagen und Präsentationen wird deshalb auch schon der Einsatz von inhaltlich überflüssigen graphischen Elementen und Farbe untersagt!).

  ⇨ **Positiv** ist alles, was der Verständlichkeit und Übersichtlichkeit dient.

  ⇨ **Negativ** ist alles, was die Verständlichkeit und Übersichtlichkeit einschränkt oder in extremen Fällen mangelnde Inhalte zu überdecken versucht.

9.4 Visualisierung

„Ein Bild sagt mehr als tausend Worte." Deshalb unterstützt eine angemessene Visualisierung des Inhalts auf der Wandtafel, dem Overhead-Projektor oder über den Flipchart die Aufmerksamkeit der Zuhörer, die Verständlichkeit und das Erinnern des Vortrags erheblich.

- Unabhängig von der Gestaltung des Textes der Ausarbeitung und vom Einsatz der Medien eignen sich generell folgende Punkte für eine Visualisierung:

Darst. 44: Geeignete Punkte für eine Visualisierung

- ○ Thema des Vortrags
- ○ Gliederung / Grobkonzeption
- ○ Systematisierung von Problemstellungen u. Entwicklungstendenzen
- ○ Kernaussagen
- ○ Zahlen (quantifizierbare Größen) und Ergebnisse
- ○ Ableitung von Verbesserungs- bzw. Lösungsvorschlägen
- ○ Schlussfolgerungen, Fazit, Zusammenfassung
- ○ Auflockernde Elemente (z.B. Zitate, Cartoons)

- Folien können (auch von Hand) geschrieben, kopiert, vergrößert und mit Einfallsreichtum und Abwechslung frei gestaltet werden. Ist allerdings eine Weitergabe der Vortragsunterlagen vorgesehen, ist eine mit dem PC erstellte Vorlage zu empfehlen.

- OHP-Folien sollten folgende Elemente beinhalten:

Darst. 45: Elemente einer Folie

Überschrift	
Kernaussage(n)	in Form von:
	- Stichworten - Graphiken - Tabellen - Aufstellungen - ergänzenden Abbildungen
Schlussfolgerung	

- **Der Einsatz von Folien im Rahmen von Referaten / Präsentationen**

Der richtige Einsatz und die optimale Vorgehensweise bei der Verwendung von Folien (über Beamer oder OHP) entscheidet mit über den Erfolg eines Referates bzw. einer Präsentation.

Darst. 46: Einsatz von Folien

Richtiger Einsatz einer Folie bei einem Referat / einer Präsentation:
1. Ankündigen des Themas der Folie 2. Folie auflegen 3. Kleine Redepause, damit sich die Zuhörer orientieren können 4. Folie in freier Rede besprechen (ergänzen bzw. vertiefen des Inhalts). Dabei fördern der Einsatz eines Zeigestifts/-stabs sowie die Abdecktechnik die Aufmerksamkeit 5. Zusammenfassen der Hauptinhalte 6. Fragen der Zuhörer beantworten 7. Auf die nächste Folie überleiten

- **Hinweise zum Arbeiten mit dem Flip-Chart bzw. einer Tafel**

Darst. 47: Tipps zum Arbeiten mit Flip-Chart und Tafel

Flip-Chart und Tafel können den OHP gut unterstützen:
◦ Die Gliederung auf dem Flip-Chart während der Präsentation im Blickfeld der Zuhörer präsent lassen ◦ Ausgewählte komplexere Zusammenhänge stufenweise am Flip-Chart entwickeln (mehr Verständnis erreichen durch Beteiligung der Zuhörer an der Entwicklung) ◦ Im Verlauf des Vortrags Diskussionsbeiträge in Stichworten festhalten, um später darauf einzugehen und/oder Aktions- bzw. Lösungsvorschläge abzuleiten ◦ Technische Hinweise: - gute Lesbarkeit für die Zuhörer sicherstellen ⇨ testen, d.h. deutlich, groß und nicht zu eng schreiben ⇨ üben!! - Filzschreiber und gute Kontrastfarben gezielt einsetzen - zeitaufwendige Schreibarbeiten (z.B. Gliederung) bereits vor der Präsentation erstellen

9

9.5 Organisatorische Anmerkungen

Die **Schriftgröße** auf Folien sollte zwischen 16 und 24 Punkt betragen.

- Die Ausführungen können – bei entsprechender Schriftgröße – direkt von der gedruckten Vorlage auf Overhead-Folien kopiert werden.
- Ab einer Schriftgröße von ca. 12 Punkt (normale Schriftgröße) können die Ausdrucke auch direkt auf Folie hochkopiert, d.h. vergrößert werden (z.B. Vergrößerung von A5, 12 Punkt, auf A4, ca. 16 Punkt).
- Kopierfolien sind erheblich billiger als direkt bedruckbare, ihr wirtschaftlicher Einsatz beschränkt sich aber meist auf nicht farbige Vorlagen.

In der Regel benötigen Sie noch ein sog. **'handout'**, einen Kopiensatz (Hardcopies) für Prüfer und Teilnehmer.

- Da die Folien eine für Kopien nicht erforderliche Schriftgröße haben, erhalten Sie beim direkten Kopieren viel überflüssiges Papier. Diesen Papierberg können Sie halbieren, wenn Sie zwei Folien A4 (= A3) auf A4 verkleinern. Mit Druckmanagern erreichen Sie dies ggf. bereits beim Ausdruck und mit den meisten Kopierer können Sie dies mit der Einstellung "A3→A4" vornehmen.

10. Qualitätssicherung, Endredaktion und Bewertung

10.1 Qualitätssicherung und Endredaktion

Wie kann ich meine Note noch kurz vor der Abgabe verbessern?

Für das Niederschreiben und Überarbeiten einer wissenschaftlichen Arbeit gibt es leider kein Patentrezept und keine für **alle** Verfasser gleichermaßen hilfreichen Regeln und Vorgehensweisen. Hier muss jeder seinen zu ihm passenden Stil selber finden.

Einige meist bewährte Aspekte sollen dennoch genannt werden:

- Schreiben Sie Gedachtes so schnell wie möglich nieder. Späteres überarbeiten, ändern und verbessern ist leichter als die erste Niederschrift.
- Versuchen Sie, ein konstantes Anspruchsniveau für Ihre Arbeit aufzubauen und einzuhalten. Hilfreich ist hierbei die Vorstellung, was Ihr Prüfer von Ihnen erwartet.[96]
- Akzeptieren Sie, dass der erste Entwurf im Zweifel dazu da ist, ihn überarbeiten, ändern und verbessern zu können. In der Regel entstehen nur dadurch gute Arbeiten. Lediglich 'Genies' schreiben auf Anhieb Spitzenleistungen.

  Überarbeiten bedeutet vor allem:
  - **Streichen** und nochmals streichen von Überflüssigem
  - **Straffen** und nochmals straffen von Stoff, Gedanken und Ausdruck
  - **Prägnanz, Aussagekraft, Treffsicherheit** verbessern
  - **Verständlichkeit** verbessern.
- Bedenken Sie, dass es **Ihre Aufgabe** ist, durch Anwendung und Einhaltung der Regeln den Nachweis zu erbringen, dass die Anforderungen an Ihre Arbeit (in Studium und Praxis) erfüllt werden. Sie können nicht davon ausgehen, dass es Aufgabe oder drängender Wunsch der Prüfer bzw. Leser ist, mühselig nach positiven Aspekten Ihrer Arbeit zu forschen.

---

[96] Vgl. zu der Frage des Anspruchsniveaus die Ausführungen bei Krämer, Arbeiten, 1999, S. 220f.

a. Checklisten

Die folgenden Checklisten sollen Ihnen eine Überprüfung Ihrer Arbeit hinsichtlich der häufigsten Fehler ermöglichen.

Wir empfehlen, diese Überprüfung bereits während der Erstellung vorzunehmen; unverzichtbar ist sie aber bei der abschließenden Endbearbeitung und Korrektur.

Text

- ❑ Sind die Überschriften identisch mit dem Inhaltsverzeichnis?
- ❑ Sind die internen Verweise (auf Seiten, Kapitel) korrekt?
- ❑ Sind alle 'Importe' erfolgt (z.B. von Darstellungen per Text-Programm oder
  Klebestift)?
- ❑ Sind alle langen Sätze auf eine verständliche Länge gekürzt?
- ❑ Fängt jeder neue Gedanke mit einem neuen Absatz an?
- ❑ Haben Sie die Rechtschreibprüfung sorgfältig durchgeführt?
- ❑ Haben Sie nach den Grammatikfehlern gesucht, die die Rechtschreibprüfung nicht erkennt?
- ❑ Haben Sie die Zeichensetzung sorgfältig geprüft?
- ❑ Sind 'Ich'- und 'Wir'-Aussagen eliminiert bzw. auf außergewöhnliche persönliche Meinungen beschränkt?
- ❑ Haben Sie die Silbentrennung auf "automatisch" und die Trennlänge auf 0,25 bis 0,3 cm eingestellt und damit keine großen Zwischenräume zwischen den Worten und keinen 'Flatterrand'?
- ❑ Haben Sie die Text-Absätze mit 'Blocksatz' formatiert? (kein ‚Flatterrand')
- ❑ Haben Sie keine ‚Schusterjungen'[97], ‚Hurenkinder'[98] und einzeln stehende Überschriften am Ende einer Seite?
- ❑ Sind alle Seiten richtig nummeriert?
- ❑ Haben Sie alle mit der Hand vorzunehmenden Ergänzungen vorgenommen?
- ❑ Haben Sie die ehrenwörtliche Erklärung in jedem Exemplar original unterschrieben?

---

97 Einsame erste Zeile eines neuen Absatzes oder Kapitels am Fuß einer Seite, nicht zulässig.

98 Nicht erwünschte letzte Zeile eines Absatzes auf einer neuen Seite.

Quellenangaben / Fußnoten

- ❑ Sind direkte und indirekte Zitate exakt unterschieden und gekennzeichnet?
- ❑ Sind die Quellenangaben für direkte und indirekte Zitate sorgfältig unterschieden und gekennzeichnet?
- ❑ Sind alle Quellenangaben vollständig, z.B. bei erweitertem Kurzbeleg: Autor, Kurztitel, Jahr, Seite/n?
- ❑ Folgen die Quellenangaben durchgängig dem gleichen Schema?
- ❑ Haben Sie alle "a.a.O.", "ders." und "ebd." durch die Quellenangabe ersetzt?
- ❑ Sind die Fußnoten zu jeder Seite auch am Fuß dieser Seiten?
- ❑ Sind die Fußnoten-Nummern herausgerückt (negativer Erstzeileneinzug)?
- ❑ Ist der Text der Fußnoten engzeilig und in kleinerer Schrift geschrieben?
- ❑ Ist der Abstand zwischen den Fußnoten größer als zwischen den Zeilen des Fußnotentextes (Absatzabstand)?

Inhaltsverzeichnis

❑ Ebenen:	Haben Sie maximal drei bis vier Gliederungsebenen eingehalten?
❑ Untergliederung:	Haben die Untergliederungen jeweils mindestens zwei Unterpunkte?
❑ Ausgewogenheit:	Haben die Gliederungspunkte der gleichen Ebene etwa gleiches Gewicht, gleiche Gliederungstiefe und Textlänge (ausgenommen Einleitung und Schlussteil)?
❑ Seitenzahlen:	Sind die Seitenzahlen angegeben?
❑ Formulierung:	Sind die Gliederungspunkte knapp und aussagekräftig und nicht als Fragesätze formuliert? Enthalten sie keine unüblichen Abkürzungen?
❑ Nummerierung:	Sind nur die Gliederungspunkte nummeriert? Keine Nummerierung der Vor- und Nachtexte!
❑ Übersichtliche Typographie:	Sind Ober- und Unterpunkte typographisch so unterschieden, dass sie auch vom Leser mit einem Blick zu unterscheiden sind? Sind die Unterpunkte auf eingerückte 'Fluchtlinien' versetzt?
❑ Schriftart:	Kein Text in Großbuchstaben, keine Unterstreichungen?

Literaturverzeichnis

- ❑ Sind alle angegebenen Quellen erfasst?
- ❑ Sind nur die zitierten Quellen angegeben?
- ❑ Sind bei Beiträgen in Sammelwerken sowohl das Sammelwerk als auch der Einzelbeitrag als getrennte Quelle angegeben?
- ❑ Sind alle Quellenangaben vollständig?
- ❑ Bei erweitertem Kurzbeleg: ist für jede Quelle ein Kurztitel angegeben?
- ❑ Enthalten alle Quellenangaben Erscheinungsort und -jahr?
- ❑ Enthalten alle Quellenangaben von Zeitungen, Zeitschriften und Sammelwerken die Anfangs- und Endseiten der Quelle?
- ❑ Sind die Autoren-Namen ohne Titel (Dr., Prof. etc.) angegeben?
- ❑ Sortierung: Sind die Einträge nach den (Nach-)Namen der Autoren sortiert?
- ❑ Sind anonyme Quellen unter o.V. eingeordnet?
- ❑ Ist eine eventuelle Teilung des Literaturverzeichnisses in mehrere Kategorien mit dem Prüfer vereinbart?
- ❑ Sind die Namen der Verfasser herausgerückt (negativer Erstzeileneinzug)?
- ❑ Ist der Abstand zwischen den Quellenangaben größer als zwischen den Zeilen einer Quellenangabe (Absatzabstand)?

b. Endkontrolle

Nach dem Kopieren, vor dem Binden

- ❑ Haben Sie genügend Exemplare?
- ❑ Seitenprüfung: - fehlt keine Seite,
- sind Seiten doppelt,
- sind Seiten vertauscht,
- liegen Querformat-Seiten mit dem Kopf zur Bindeseite?

Nach dem Binden und Schneiden

- ❑ Haben Sie genügend Exemplare?
- ❑ Haben die Seitenränder noch ausreichende Breite?

10.2 Bewertung

Nach welchen Kriterien bewerten meine Prüfer eine Arbeit?

a. Schriftliche Arbeiten

- **Gliederung und Aufbau**

  Eine Arbeit kann nie besser sein als ihre Gliederung und ihr Aufbau:
  - dem Thema entsprechend logischer / folgerichtiger Aufbau
  - angemessen in Inhalt und Umfang
  - dem Thema entsprechend ausgewogen proportioniert
  - klar und übersichtlich

- **Inhaltliche Kriterien** wie:
  - eindeutige Problemstellung u. Abgrenzung
  - eindeutige u. vollständige Behandlung des Themas
  - wissenschaftliches Anspruchsniveau

    methodisch, folgerichtig, wesentliche Fragen und Zusammenhänge, sachlich richtig, eindeutig, klare Festlegung und gleichbleibende Verwendung mehrdeutiger Begriffe (Definitionen), Verdeutlichung der Prämissen.
  - Gedankenführung und Strukturierung (roter Faden)
  - Argumentation (klar, folgerichtig, untermauert, ohne Widersprüche)
  - Praxisbezug
  - Informationsumfang
  - Literatur (angemessen in Aktualität und Umfang, einschlägige Autoren)
  - zielgruppengerecht (empfängerorientiert)

10

- **Einhaltung der Regeln** wissenschaftlichen Arbeitens – auch der formalen!

- **Formulierung / Sprachstil**

- verständlich	- zielgruppengerecht
- eindeutig	- klare Ausdrucksweise
- flüssig	- keine Bandwurmsätze
- anschaulich, interessant	- kein journalistischer Stil

- **Einhaltung der Sprachregeln**
  - **Rechtschreibung**
  - **Interpunktion**
    (Maßstab für Sorgfalt, Fleiß, Rücksichtnahme auf den Leser und im Zweifel für 'Organisationsvermögen'; ausgenommen sind 'Flüchtigkeitsfehler' in einem normal zu tolerierenden Umfang.)
  - **Optisch ansprechend** und **übersichtlich** (Textaufbau, Absätze !).

- Auch die **Eigenständigkeit** der Arbeit beeinflusst ihre Bewertung. Bei überdurchschnittlich intensiver Inanspruchnahme von Betreuung werden auch strengere Maßstäbe angelegt.

Warnung: Verstöße gegen die Vorschriften über das Kennzeichnen und die Zitierung fremden Gedankenguts (z.B. fehlende oder auch formal fehlerhafte Quellenangaben) führen zur **Abwertung**, in schweren Fällen **bis auf „nicht ausreichend“!!**

b. Präsentationen

In die Bewertung gehen folgende Kriterien ein:

- **Inhaltliche Leistung** (siehe Pkt. 6, S. 95 ff), insbesondere
  - Gliederung und Aufbau
  - Inhaltliche Kriterien
- **Materiell-Rhetorische Leistung**
  - Motivation (Anfang, Verlauf, Ende)
  - Sprache, Artikulation
  - Anschaulichkeit
  - Eindringlichkeit
- **Formal-Rhetorische Leistung**
  - Sicherheit
  - Ausdruck
  - Stil, Satzbau
  - Freies Sprechen
  - Sprechtempo
  - Vokalisation, Artikulation
  - Intonation, Modulation (incl. Lautstärke)

⇨

- **Visualisierung / Medieneinsatz**
  - Lesbarkeit, Übersichtlichkeit
  - Gestaltungselemente
  - Attraktivität

c. Notenspiegel

Für die Bewertung der Prüfungsleistungen werden sog. Notenspiegel zugrunde gelegt, z.B. der Notenspiegel einer Hochschule:

Darst. 48: Beispiel eines Notenspiegels

1 = sehr gut	eine hervorragende Leistung	1,0 - 1,3
2 = gut	eine Leistung, die erheblich über den durchschnittlichen Anforderungen liegt	1,7 - 2,0 - 2,3
3 = befriedigend	eine Leistung, die durchschnittlichen Anforderungen entspricht	2,7 - 3,0 - 3,3
4 = ausreichend	eine Leistung, die trotz ihrer Mängel noch den Anforderungen genügt	3,7 - 4,0
5 = nicht ausreichend	eine Leistung, die wegen erheblicher Mängel den Anforderungen nicht mehr genügt	4,3 - 5,0

Die Bewertungsregeln für Prüfungsleistungen entnehmen Sie bitte der Prüfungsordnung Ihrer Universität oder Hochschule. Ihr Prüfungsamt und Ihre Prüfer erteilen Ihnen zu weiteren Fragen der Bewertung sicher gern Auskunft.

Anhangverzeichnis

A

Anhang

Anhang 1

Muster für Mindestangaben eines Titelblattes für Abschlussarbeiten

Thema und Unterthema

der Arbeit

Bachelorthesis oder Diplomarbeit oder Magisterarbeit oder Masterthesis

zur Erlangung des Grades Diplom-Kaufmann Univ.

an der

Universität Würzburg
Wirtschaftswissenschaftliche Fakultät

Studiengang Betriebswirtschaftslehre

vorgelegt von : Matr.-Nr.: 4711 4712	Thomas Mustermann
aus:	Wohnstr. 13 97070 Würzburg Tel.: (0931) 12 34 56 temu@mailme.de
Referentin:	Prof. Dr. Anne Sorgfalt
Korreferent:	Prof. Dr. Uwe Kiekemann

Würzburg, 06.06.2006

A

Anhang 2

Muster für Mindestangaben eines Titelblattes
für Hausarbeiten und Referate/Präsentationen

**Thema und Unterthema
der Arbeit**

Hausarbeit oder Referat

Fachhochschule Erfurt
Fachbereich Wirtschaftswissenschaft

Studiengang Betriebswirtschaft

Finanzierung II (6. Sem.)
Prof. Dr. Karl Leserecht
Sommersemester 2005

vorgelegt von :	Petra Schreiber
Matr.-Nr.:	4711 4713
	6. Semester
aus:	Wohnstr. 15
	99085 Erfurt
	Tel.: (0361) 12 34 78
	pesch@mailme.de

Erfurt, 06.06.2005

Literaturverzeichnis

Apitz, R. / Guther, A. / Hoffmann, G. [World Wide Web, 1996]:
Wissenschaftliches Arbeiten im World Wide Web: HTML – Style-Guide – Sicherheit, Addison-Wesley, Bonn 1996.

Baade, J., Gertel, H.,Schlottmann, A. [Wissenschaftlich Arbeiten, 2005]:
Wissenschaftlich Arbeiten, Ein Leitfaden für Studierende der Geographie, UTB, Haupt, Bern, Stuttgart, Wien 2005.

Bänsch, A. [Arbeiten, 2003]:
Wissenschaftliches Arbeiten – Seminar- und Diplomarbeiten, 8. Aufl., Oldenbourg, München, Wien 2003.

Berekoven, L. / Eckert, W. / Ellenrieder, P. [Marktforschung, 2006]:
Marktforschung, methodische Grundlagen und praktische Anwendung, 11. Aufl., Gabler, Wiesbaden 2006.

Christof, K. / Pepels, W. [Marktforschung, 1999]:
Praktische quantitative Marktforschung, Vahlen, München 1999.

Dichtl, E. [Deutsch, 1995]:
Deutsch für Ökonomen – Lehrbeispiele für Sprachbeflissene, Vahlen, München 1995.

Dichtl, E. / Lingenfelder, M. (Hrsg.) [Effizient, 1999]:
Effizient studieren, 4. Aufl., Gabler, Wiesbaden 1999.

Disterer, G. [Studienarbeiten, 2003]:
Studienarbeiten schreiben: Diplom-, Seminar- und Hausarbeiten in den Wirtschaftswissenschaften, Springer, Berlin u.a. 2003.

Donnert, R. / Kunkel, A. [Präsentieren, 2002]:
Präsentieren gewußt wie, 3. Aufl., Lexika Verlag Würzburg 2002.

DUDEN-Redaktion (Hrsg.) [Rechtschreibung, 2006]:
Die deutsche Rechtschreibung, 24. Aufl., Dudenverlag, Mannheim u.a. 2006.

Engel, S. / Slapnicar, K. W. (Hrsg.) [Diplomarbeit, 2003]:
Die Diplomarbeit, 3. Aufl., Schäffer-Poeschel, Stuttgart 2003.

Eco, U. [Abschlußarbeit, 2005]:
Wie man eine wissenschaftliche Abschlußarbeit schreibt, übers. von *Schick*, *Walter*, 11. Aufl., Uni-Taschenbücher, Nr. 1512, Müller, Heidelberg 2005.

Feuerbacher, B. [Vortragstechnik, 1990]:
Fachwissen prägnant vortragen – Moderne Vortragstechnik für Wissenschaftler und Ingenieure, 2. Aufl., Sauer, Heidelberg 1990.

Friedrich, W. [Kunst, 2003]:
Die Kunst zu präsentieren, 2. Aufl., Springer, Berlin, Heidelberg 2003.

Gerhards, G. [Arbeiten, 1995]:
Seminar-, Diplom- und Doktorarbeit, UTB Uni-Taschenbücher, Nr. 217, 8. Aufl., Haupt, Bern, Stuttgart 1995.

Gottsleben, K. [Bibliotheken, 1997]:
Führer durch die Hamburger Bibliotheken und ihre Geschichte, 7. Aufl., Staats- und Universitätsbibliothek, Hamburg 1997.

Hüttner, M. / v.Ahsen, A. / Schwarting, U. [Marketing, 1999]:
Marketing-Management: Allgemein – Sektoral – International, 2. Aufl., Oldenbourg, München, Wien 1999.

Jünemann, R. [Logistik, 1989]:
Materialfluß und Logistik – Systemtechnische Grundlagen mit Praxisbeispielen, Springer, Berlin usw. 1989.

Kalmring, D. [Internet, 1996]:
Internet für Wirtschaftswissenschaftler, 2. Aufl., Eul, Lohmar, Köln 1996.

Karmasin, M. / Ribing, R. [Arbeiten, 1999]:
Die Gestaltung wissenschaftlicher Arbeiten – Ein Leitfaden für Haus- und Seminararbeiten,Magisterarbeiten, Diplomarbeiten und Dissertationen, UTB, WuV Facultas, Wien 2006.

Krämer, W. [Arbeiten, 1999]:
Wie schreibe ich eine Seminar- oder Examensarbeit? 2. Aufl., Campus, Frankfurt/M, New York 1999.

Krampe, H. (Hrsg.); Lucke, H.-J. (Hrsg.) [Logistik, 1993]:
Grundlagen der Logistik – Einführung in Theorie und Praxis logistischer Systeme, Huss, München 1993.

Kürsteiner, P. [Präsentieren, 2002]:
Notebook- und Beamer-Präsentationen, 2. Aufl., Ueberreuter, Wien, Frankfurt 2002.

Lohse, H. [Untersuchungen, 2000]:
Empirische Untersuchungen in Diplomarbeiten, in: Engel, S./Slapnicar, K.W., Die Diplomarbeit, 3. Aufl., Schäffer-Poeschel, Stuttgart 2003.

Network Wizards (Hrsg.) [Domain-Survey, 2000]:
Domain-Name-Survey, Juli 2000, www.isc.org/ds/www200007/index.html, 22. Febr. 2001.

Nicol, N. / Albrecht, R. [Arbeiten, 2004]:
Wissenschaftliche Arbeiten mit Word, Addison-Wesley-Longman, München 2004.

OSU, Ohio State University, [Guides, 2006]:
Guides to the OSU Libraries, 2006, http://library.osu.edu/sites/guides/ und www.lib.ohio-state .edu/sites/guides/ mit Verweisen zu verschiedenen Stilen, 10.08.2006.

Page, Melvin E. [Scholarly Citations, 1995]:
Scholarly Citations of Internet Sources, Ver. 1.1, Okt.1995, www.aber.ac.uk/~tplwww/e/citeh.html.

Pepels, W. [Käuferverhalten, 1995]:
Käuferverhalten und Marktforschung, Schäffer-Poeschel, Stuttgart 1995.

Peterßen, W. H. [Arbeiten, 1999]:
Wissenschaftliche(s) Arbeiten, 6. Aufl., Oldenbourg, München, Wien 1999.

Pöppel, E. [Grenzen, 2000]:
Grenzen des Bewußtseins, Insel, Frankfurt 2000.

Preißner, A. [Arbeiten, 1998]:
Wissenschaftliches Arbeiten, 2. Aufl., Oldenbourg, München, Wien 1998.

Reiners, L. [Stilkunst, 1991]:
Stilkunst – Ein Lehrbuch deutscher Prosa, Beck, München 1991.

Rogge, H. J. [Marktforschung, 1992]:
Marktforschung, Elemente und Methoden betrieblicher Informationsgewinnung, 2. Aufl., Hanser, München, Wien 1992.

Scheibe, C. [Referat, 1995]:
Vom Referat zur Dissertation, Hansen, München, 1995.

Schneider, W. [Deutsch, 1995]:
Deutsch fürs Leben – Was die Schule zu lehren vergaß, Rowohlt Sachbuch 9695, Reinbek, 1995.

Schulzki-Haddoutti, C. [Kaschmir, 2000]:
„Microsoft: Kaschmir gehört zu Indien.", www.heise.de /tp/deutsch/inhalt/te/5056/1.html , 06.08.00.

Standop, E. / Meyer, M.L.G. [Form, 2004]:
Die Form der wissenschaftlichen Arbeit, UTB Uni-Taschenbücher, Nr. 272, 17. Aufl., Quelle & Meyer, Heidelberg 2004.

Stary, J. / Franck, N. [Technik, 2006]:
Die Technik wissenschaftlichen Arbeitens, Uni-Taschenbücher, Nr. 724, 12. Aufl., Schöningh, Paderborn usw. 2006.

Statistisches Bundesamt (Hrsg.) [Jahrbuch, 1999]:
Statistisches Jahrbuch 1999, Metzler Poeschel, o.O., 1999.

Theisen, M. R. [Arbeiten, 2005]:
Wissenschaftliches Arbeiten, Technik-Methodik-Form, 12. Aufl., Vahlen, München 2005.

Thiele, A. [Präsentation, 2000]:
Überzeugend präsentieren, 2. Aufl., VDI, Düsseldorf 2000.

Thiele, A. [Technik, 1994]:
Mit neuen Techniken wirkungsvoll präsentieren, 2. Aufl., Moderne Industrie, Landsberg/Lech 1994.

Trimmel, M. [Arbeiten, 1997]:
Wissenschaftliches Arbeiten, ein Leitfaden für Diplomarbeiten und Dissertationen in den Sozial- und Humanwissenschaften mit besonderer Berücksichtigung der Psychologie, 2. Aufl., WUV Univ.-Verl., Wien 1997.

University of Queensland Library [Guides, 2006]
Uselts, How-to Guides, St Lucia 2006, www.library.uq .edu.au/useit mit Verweisen zu verschiedenen Stilen, 08. Aug. 2006.

WAHRIG-Redaktion (Hrsg.) [Rechtschreibung, 2006]:
Die deutsche Rechtschreibung, Wissen Media, Gütersloh, München 2006.

Walker, Janice R. [Citations, 1995]:
Columbia Online Style, MLA-Style Citations of Electronic Sources, Jan. 1995, Rev. Apr. 1995, www.liv.ac.uk/~srlclark/ walker.html, 10. Aug. 2006.

Weis, A. Ch. / Steinmetz, P. [Marktforschung, 2005]:
Marktforschung, 6. Aufl., Kiehl, Ludwigshafen 2005.

Wicher, H. / Jensen, P. [Anleitung, 1993]:
Anleitung für die Erstellung und Publikation wissenschaftlicher Arbeiten, 2. Aufl., Verlag an der Lottbek, Ammersbek bei Hamburg 1993.

Wiegand, D. [Bibliografie, 2006]:
Gut zitiert ist halb geschrieben – Bibliografieprogramme erstellen korrekte Zitate und Anhänge, in: c't 7/06, S. 160-165.

Stichwortverzeichnis

A

B

V

V

V

Z

Autorenportraits

Prof. Wolfram E. Rossig

Diplom-Ingenieur, Wirtschaftsingenieur

Jahrgang 1943

- Studium und Abschluß an der Technischen Universität Berlin.
- Beratender Ingenieur und Gutachter bei einem vereidigten Sachverständigen der IHK.
- Rollei-Werke Braunschweig, Zentrale Unternehmensplanung: Investitions- und Personalplanung, Projektleiter einer neuen Objektivfabrik in Singapur (ZEISS-Lizenz), Betriebsverlagerung, Leiter: Investitionsplanung, Werksplanung, Organisation.
- Auslandstätigkeit in Singapur.
- Dozent für Betriebs- und Volkswirtschaft.
- OTTO-Gruppe, OTTO Versand: Betriebsleiter Retourenabwicklung SCHWAB-Versand: Bereichsleiter Warenwirtschaft.
- COOP AG, NL Süd: Geschäftsleitung 'Zentrale Dienste': Sanierung. Handels AG: Direktor Logistik: Neuorganisation, Integration, Sanierung.

seit 1989

- Hochschule Bremen, Fachbereich Wirtschaft: Professor für Allgemeine Betriebswirtschaftslehre, insbesondere Handel und Logistik.
- Institut für Finanz- und Dienstleistungsmanagement (IFD): Vorstand.
- Bremer Institut für angewandte Handelsforschung: Institutssprecher und Gründungsmitglied.
- 2003 - 2006 Studiendekan und stv. Dekan des Fachbereichs Wirtschaft.

Prof. Dr. Joachim Prätsch

Dr. rer. pol., Diplom-Kaufmann

Jahrgang 1951

- Studium und Abschluß an der Universität Hamburg.
- Institut für Unternehmensrechnung und Controlling an der Universität der Bundeswehr, Hamburg.
- Unternehmensberatung für Kreditgenossenschaften, Genossenschaftliche Rechenzentrale, Lehrte.
- Stellv. Leiter Finanzabteilung, Hamburger Sparkasse.
- Leiter Controlling, Bankhaus M. M. Warburg & Co, Hamburg.

seit 1991

- Professor für Betriebswirtschaftslehre an der Hochschule Bremen mit den Schwerpunkten Finanzwirtschaft und Controlling.
- Mitglied des akademischen Senats.
- Institut für Finanz- und Dienstleistungsmanagement (IFD): Gründer und Vorstandssprecher.